すきやばし次郎

小野禎一　父と私の60年

根津孝子　著

CCCメディアハウス

小野禎一

小野二郎

「もっと美味しく」。二人が抱いている思いは常に同じだ。

「すきやばし次郎」店内。いつも清々しく凛とした空気が流れている。

はじめに

東京、銀座にある鮨屋の名店「すきやばし次郎」。

今や日本人の多くがその名を知っているだろう。２００７年、日本で初めて出版された『ミシュランガイド東京２００８』で三ツ星の評価を獲得、その名は日本だけでなく海外にまで轟くことになった。

店主の名は小野二郎さん。二郎さんは大正14年（１９２５年）生まれ。93歳の今も現役、世界最高齢の三ツ星料理人だ。そして、その２００８年版以来、「すきやばし次郎」は12年連続でミシュランの三ツ星を取り続けている。

ちなみに、小野二郎さんの「二郎」という漢字は誤植ではない。名前は「二郎」、店名は「次郎」なのだ。私は以前、二郎さんに「なぜ名前とお店の漢字が違うのか」と尋ねたことがある。その時、二郎さんは、「次郎の方が店の看板なんかに書いたとき、格好がいいでしょ」と茶目っ気のある表情で答えてくれた。どうやら本当にそういう理由らしかった。

昭和40年（1965年）、二郎さんは40歳の時に独立し、銀座・数寄屋橋交差点の傍にある塚本素山ビルの地下1階に自分の店を持った。そして、それから54年が経った今も、同じ場所で、同じ気持ちで、鮨を握り続けている。二郎さんが食の世界へ足を踏み入れた時から変わらずに持ち続けている「同じ気持ち」。それは、ただひたすらに、「もっと美味しくなるはずだ、もっと美味しくしてやろう！」という気持ちだ。

7歳で親元を離れ、割烹料理屋に奉公に出た二郎さん。86年もの間、二郎さんは同じ気持ちで仕事をしていることになる。


私は15年ほど前からお店へ伺う機会に恵まれ、月に一、二度、二郎さんの握るお鮨をいただく。私は料理評論家ではないので、「すきやばし次郎」のお鮨がどう美味しいのかをうまく表現することができない。でも、「すきやばし次郎」でいただくお鮨は、ただただ美味しい、最初から最後まで、ただひたすらに美味しいのだ。二郎さんの積み重ねてきた「気持ち」が今、一貫一貫のお鮨となって私の目の前にある、理屈じゃない美味しさがそこにある、と私はいつも思う。

そして、店内に流れているとても清々しい、何か特別な空気……。それは多分、二郎さんと長男の禎一《よしかず》さんが軸となり、そこで働く皆さんが一緒になって初めて生まれる空気だ。私は二郎さんの手元を凝視したり、二郎さんと禎一さんの仕事のリズムを感じたりしながらつい、その清々しく凛とした空気の出どころを探してしまう。

そして、いつも必ずひとつの結論に至るのだ。二郎さんにとって長男の禎一さんは、息子である前に、生涯で一番信頼できる弟子なのだろうと。それが当たっているのかどうかは二郎さんに聞いたことがないのでわからない。でも、この本ができあがった時、ぜひ二郎さんに尋ねてみたいと思っている。

禎一さんは昭和34年（１９５９年）生まれ。２０１９年、還暦を迎えた。23歳の時に「すきやばし次郎」に入ってから37年。二郎さんと一番長い時間をともに過ごしているはずだ。

禎一さんにとって、小野二郎とはどういう存在なのだろうか？

偉大な父を持った苦労はないのだろうか？

聞きたいことがたくさんありすぎるほど、私は以前から興味を抱いていた。

私はしがないライターだ。でもどうしても禎一さんと二郎さんのことを書きたくて、あるとき無理を承知で取材をさせて欲しいとお願いをした。多分、とても強引に。

禎一さんは、いつもの冗談っぽい表情で、「俺のことを書いた本なんて売れねぇよ」と言った。「売れるとか売れないとか考えなくていいんです。私が書きたいから書かせて欲しい。お願いします」

傍にいた二郎さんが、きょとんとした表情で私と禎一さんのやりとりを眺めていた。二郎さんは少し耳が遠いので、禎一さんが「孝ちゃんが、私のことを取材して、本にしたいそうです」と説明した。私は傍でドキドキしていた。

「私は、いいと思いますよ」

様々な気持ちが入り乱れ、私はその時、「頑張ります！」としか言えなかった。

【小野禎一関連略年譜】

父（小野二郎）誕生　1925年10月27日（大正14年）
母誕生　1931年6月12日（昭和6年）
父母結婚　1958年11月2日（昭和33年）〈小野二郎33歳〉
小野禎一誕生　1959年7月31日（昭和34年）〈小野二郎34歳〉
弟（小野隆士）誕生　1961年6月13日（昭和36年）〈小野二郎36歳〉

「すきやばし次郎」開店　1965年（昭和40年）
「すきやばし次郎・日本橋高島屋店」開店　1973年（昭和48年）
禎一「すきやばし次郎」で働き始める　1983年（昭和58年）4月1日
「すきやばし次郎」が『ミシュランガイド東京』で初めて三ツ星を獲得
2007年（平成19年）
〈以来、現在まで12年連続で三ツ星の評価を獲得〉

目次

装訂　三村　淳
装画　金子　良
写真　戸澤裕司

第1回　取材記録（2018年7月14日・土曜日）

1回目の取材日は、2018年7月14日。土曜日。14時からという約束になった。禎一さんは本当に忙しい。店のある日は勿論のこと、休日も仕事がらみの様々な予定が入ってくるため、本当の意味での休日はめったにない。私の取材は、禎一さんの予定の合間をぬってお願いすることになった。進み具合にもよるが、だいたい10回くらい。月1回ペースで、1回の取材が1〜2時間。土曜日はお店の営業が昼のみのため、営業時間が終わり、まかないの時間も終わりかける14時から始めることになった。

私はその日、14時5分前に、すでにのれんを下ろしている店の扉をドキドキしながらゆっくりと開けた。

「こんにちはー」

「はい、いらっしゃい。どうぞ、中へ入って」

なんと、扉を開けたところにある、ちょっとしたスペースにいたのは二郎さんだった。

しかも、二郎さんは片足で立っていた。

「あっ、お父さん（私は二郎さんのことをお父さんと呼ぶ）、お着替え中にすみません」

そうなのだ。なぜ片足で立っていたかというと、調理服から外出着にお着替えの最中で、ちょうどズボンをはき替えているところだったのだ。私は心の中で、「93歳の人が片足で立ちながらズボンをはき替えることができるってすごいな」と思った。

「いらっしゃい。どうぞ、そこに座っててー」

奥からそう声をかけてくれる禎一さんの顔がみえた。

「こんにちはー。はい、ありがとうございます」

私はそう言って、カウンターの後ろにある2つのテーブルの手前側の席に座る。暫くしてさっき二郎さんがいたところを振り返ると、二郎さんの姿はすでになかった。ちょうどまかないが終わり、これからお店の清掃に入るところらしい。お弟子さんがわざわざ私に冷たいお茶と温かいお茶を準備し、お菓子まで添えて運んで来てくれた。

「さぁ、始めましょう」

定刻に禎一さんがテーブルをはさんで私の前に座る。

「さっきお父さんがお着替えされてましたけど、もう帰られたんですか？」

「いや、阪急の先んところにある床屋に出掛けたんだよ」

「え？　この炎天下に一人で？」

その日の東京は気温35度以上の猛暑日だった。床屋さんまではお店から少し距離があって、銀座の地下道からは行けないところらしかった。

「えーっ、大丈夫なんですか？」

「大丈夫、大丈夫。いつもそうだから。元気だもの。歩くのだって俺より速いくらいよ。床屋から帰ってきたら、親父さんは5時から友達と食事に行く約束があるんだよ」

鉄人、小野二郎。二郎さんは全てにおいて鉄人だった。少なくとも二郎さんのことを93歳のご老人と思ってはいけない。そして、禎一さんも二郎さんのことを、年老いた父などとこれっぽっちも思っていないのだ。

小一時間経って二郎さんがお店に戻ってきた後、私はまたひとつ驚くべき出来事に遭遇する。それはこの章の最後に記すことにして、本題に入ることにしよう。

2008年版『ミシュランガイド東京』で日本初の三ツ星を獲得した時のおはなし。

ミシュランといえば、今でこそ知らないうちに覆面調査員がその料理店を訪れ、評価、掲載されることがわかっているが、『ミシュランガイド東京』が日本で初めて発行された2007年当時は知らない人が多かった。私はまず、その時のことについて聞いてみることにした。

「初めてミシュランで三ツ星をとった時、お兄さんは（私は禎一さんのことをこう呼ぶ）ミシュランの調査員が来るってわかっていたんですか？」

「いやいや、全然知らなかったの。でもミシュランのことがちょっと噂にはなっていたよ」

「噂って？」

「料理人の間でね、ちょっとした噂になっていて、電話で連絡が来るらしいとか。でもうちの店には電話も来てなかったし、へー、って感じであんまり気にしてなかった」

「そうなんですね。で、電話が来たんですか？」

「いやいや、電話は来なかったの」

「じゃあ、どんな感じで、あ、これってミシュラン？　ってわかったんですか？」

「ある土曜日の昼にね、40代くらいの外国人と日本人通訳の二人連れが一番奥と奥から二番目の席で食べてたんだけど、まぁ、当時から外国人のお客さんは多かったし、いつものことっていう感じで、特別気にもしていなかったんだよね」

「一番奥の席ってことは、お兄さんが握ってたんですね？」

「そうそう」

「すきやばし次郎」の店内はカウンター10席からなり、入口から近い方5席のつけ場に二郎さん、奥から5席のつけ場に禎一さんが立ってお鮨を握る。私はこの話を聞いた時、正直、二郎さんが握っていたと思っていたので驚いた。

「そしたら食べ終わる頃、通訳の人にちょっとこの後お時間をいただけませんかって言われて。その日はもう次のお客さんがない時間だったので、大丈夫ですよって言って、そこのテーブルで名刺をもらったんだよね……」

「その時にミシュランの人だってわかったんですね？」

「そう。でもその人、アランさんっていうんだけど、その人が編集長であることは名刺にも書いてなかったし、後で知ったんだよ。その時は、本が出ますという話と、写真を2枚撮影させて欲しいという話だけ。勿論、三ツ星ということも後でわかった」
「なるほど。編集長自ら食べに来るんですね」
「これも後で知ったんだけど、実はその前に何人も別の調査員が食べに来ていたみたいでね。その調査員の評価をみて、本当に三ツ星でいいかどうかを最後に編集長が食べてみて決めるみたいだよ」

ちなみに私も禎一さんの握ったお鮨を食べたことがある。それは、たまたま予約を入れていた日に二郎さんがご友人の葬儀に出席することになった時のことだ。私はその時に思った。二郎さんの握ったお鮨はただひたすらに美味しい。そして、禎一さんの握ったお鮨も同じようにひたすらに美味しいと。

あたりまえのことだが、二郎さんの握るお鮨は、二郎さんのお鮨であると同時に、「すきやばし次郎」のお鮨なのである。「すきやばし次郎」のお鮨は、禎一さんをはじめ、朝早くから夜遅くまでよく働くお弟子さんやお勝手さん（めったにその姿をみることはないが、もうかなり長くお勝手口で仕事をする女性が一人いる）が、それぞれの持ち場、持ち場で全ての仕事を完璧にこなし、準備がなされ、最後につけ場に立つ人が握って完成する。それが「すきやばし次郎」のお鮨なのだ。

以前、二郎さんに何気なくかけた言葉がある。「お父さんはほんと偉いですね。小さい時から働いて、今もこうして働いていて……」

その時、二郎さんは私にこう言った。

「今なんてね、ほんと楽ですよ。昔は掃除から下準備、後片付けまで全部やっていたでしょう。今はこうやって握るだけだもの。格好いいところだけやっていればいい。ほんと楽ですよ」

確かに、つけ場に立つ二郎さんは格好いいし、二郎さんにとって、今は楽なのかもしれない。二郎さんはこう続けた。

「でもね、もとは私が全部考えて、それをみんなに教えたの。タコの風味を出すためにはこうやるんだよ、これはこう、これはこう……ってね」

私は、二郎さんが味の伝承、技の伝承なんてことを考えてこれまでやって来たとは思わない。おそらく二郎さんはそういう人ではないだろう。ただひたすら、もっと美味しくするためにはどうしたらいいだろうということだけ考えて、努力して、今に辿りついたのだ。そして、日々の仕事の中で、一緒に働く人たちへ脈々とその伝承がなされているのだ。

「それって、お兄さんが握ったお鮨でミシュランの三ツ星をとったってことじゃないですか！」

「いやいや、俺がこうなったのは親父さんがあってこそだから。よく学生時代の先生とか同級生に、お前、出世したなーって言われるんだけど、俺じゃない、親父さんのおかげだっていつも言うんだよ」

この言葉が１００パーセント本心かどうか、正直わからない。ただ、禎一さんが料理人の世界に入って約40年。「すきやばし次郎」で二郎さんと一緒に仕事をするようになってから約36年。長い、本当に長い時間がそこに流れているのは確かだ。

ミシュラン編集長のアランさんに「長くお父さんと仕事をするというのはどういう気持ちですか？」と質問された時、禎一さんは、「親子ではあるんですが、お店では、お師匠さまと弟子という関係なんですよ」と答えたという。

36年間「すきやばし次郎」で働き続け、今や日本中、いや世界中の美食家が知る名店になったのだ。私なら果たして、禎一さんのようにさらりと「師匠のおかげで」と言えるだろうか？

でも私は禎一さんのそういうところが好きだし、人として尊敬している。

禎一さんが生まれた年の大きな出来事。

禎一さんが生まれたのは1959年（昭和34年）のこと。昭和30年代といえば、映画「ALWAYS 三丁目の夕日」をすぐに思い浮かべるが、その年は一体どんな年だったのだろうか。

一番はなんといっても皇太子さま（当時）と美智子さまのご成婚。美智子さまは民間人として初めて皇室に入られた。私も当時の様子を白黒の映像で何度か観たことがあるが、その映像からは日本中が浮かれ、夢溢れる平和な時代がやってきたな、という印象を受ける。

その時、二郎さんは34歳。奥さんは6つ下の28歳で、二郎さんは大阪の店を任されていた。つまり、禎一さんは大阪で生まれたことになる。

ご成婚の日は4月10日。禎一さんの誕生日は7月31日なので、きっと二郎さんの奥さんも膨らんだお腹を大事に抱えながら、どこかのテレビでご成婚の様子を観ていたかもしれない。勿論当時、テレビは一家に一台の時代ではない。実際、テレビが普及し始めたのは昭和34年頃で（皇太子ご成婚のニュースがそのきっかけだった）、14インチの白黒テレビが6万5千円くらい。当時、公務員の初任給が1万円くらいだったというから、給料約半年分の値段ということになる。改めて、二郎さんは日本が目まぐるしく変わっていった時代をリアルにその目でみてきた生き証人なのだと思う。言うまでもなく、戦争も経験しているのだから……。

そしてもうひとつ、この年は大きな天災のあった年でもある。伊勢湾台風だ。伊勢湾台風が通過したのは9月26日から27日にかけてのこと。禎一さんの生後約2カ月のことになる。死者、行方不明者数5098名に及ぶ被害が生じた。大阪でもその影響は凄まじく、その時の様子を二郎さんが語るのを私も聞いたことがある。

その日、お店を開けていた二郎さん。全然お客さんが来ないので、おかしいなと思って外に出てみたらひどい風と雨で人っ子一人いない有様。あわてて店を閉めてタクシーで帰ろうとしたけれど、あまりの天候の悪さからかタクシーも乗車拒否でなかなか乗せてくれない。半ば無理やり乗ったはいいが、目の前で街路樹はバンバン倒れていくし、当時の車は軽くて風に煽られてフラフラするしで、本当に大変な思いをして帰ったそうなのだ。

やっとの思いで帰ってみると、禎一さんを抱えた奥さんが、当時住んでいたアパートの近所の人たちと一緒にいたので安心したという。無事に帰ってきた二郎さんの姿をみて、奥さんもほっとしたに違いない。

禎一さんの「禎」という漢字の意味を調べてみると、「めでたいしるし・さいわい」と書いてある。私は禎一さんに聞いた。

「お兄さんのお名前の漢字、禎っていう字の意味を知ってますか？」

「意味？　それは知らない」

「知らないんですか？　禎には、めでたいしるし、さいわい、っていう意味があるんですよ。きっとお兄さんが生まれて、お父さんすごく嬉しかったんだと思いますよ」

「へー、そうなんだ。それは知らなかったよ。親父さんは、凸《デコ》でも凹《ボコ》でもよかったんだけど、それじゃああんまりかわいそうだから占い師さんに付けてもらったって言っていたよ。サダともヨシとも読むんだけど、親父さんが、ヨシの方がいいな、ということでヨシカズになったたって」

本当に知らなかったようで、お兄さんはそう言いながら、「めでたい、さいわい」とメモを取っていた。私は今日こうして取材をして、そのことを禎一さんに伝えられたことがなんだかとても嬉しかった。

禎一さんが長男っぽくない理由。
幼少期、バラバラになった家族のこと。

「三つ子の魂百まで」とは言うが、禎一さんは幼い頃どんな子供だったのだろうか。物心がついた頃の禎一さんや家族のことを聞いてみようと思った。そして、禎一さんにその問いかけをした時、私はとても意外なことを知ることになる。

「お兄さんが物心ついた頃のお父さんってどんな感じの人だったんですか？　きっと、弟さんも2つ違いだから生まれていますよね？」

「物心ついた時はね、俺は五人きょうだいの一番末っ子だったんだよ。だからかもしれないんだけど、人にはよく長男っぽくないって言われるんだよね……」


いやいや、小野家が四人家族なのは周知の事実。二郎さんとお母さん、そして現在、

「すきやばし次郎・六本木ヒルズ店」の店主を務める2つ違いの弟さんの四人家族だ。

確かに、一度会えばわかるのだけれど、ご本人も自覚しているように、禎一さんはいわゆる落ち着きのあるお兄ちゃんタイプ、長男タイプの雰囲気ではなく、どちらかというと、

目を離せないやんちゃな末っ子タイプの印象を受ける。

私が知っている、つけ場に立った禎一さんは、いわゆる江戸っ子気質、歯に衣着せぬ物言いで、ピリッとした厳しさがあり、ときにはべらんめぇ調、またそれがお店の空間と相まって、聞いていて気持ちがいいくらいなのだけれど、禎一さん曰く、それによってお客さんに誤解をされることも多いらしい。「それってなんかすごく辛いですね」と言うと、「いやいや、そんなことは全く気にしていない」と禎一さんは言っていた（この件については、またどこかで詳しく触れてみたい）。

ただ、江戸っ子気質の禎一さんの顔は鮨職人としての顔であり、禎一さんの本質的な性格はどちらかというと、いやかなり、優しくて人懐っこい、三枚目タイプのような気がする。実際に仕事を離れたところで話をしていると、歯に衣着せぬ口調はそのままに、ユーモア（ときにそれはブラックだが）があってとても楽しい人だ。

さて、物心ついた時に五人きょうだいの末っ子だったとは、一体どういう意味なのか？

「五人きょうだいの末っ子って、どういうことですか？　だって、弟さんが一人いるだけですよね。まさか、お父さんに隠し子がいたとか？」

「隠し子じゃなくてね、母親が結核になっちゃったのよ」

「結核って、当時は死の病だったんでしょう？」

「そうそう。場合によっては死ぬこともあった。それで、俺は浜松の母親のお姉さんの家に、2、3年かなぁ、預けられてて、そこの家は男女女男の四人きょうだいだったから、物心ついた時には自分には四人の兄姉がいると思っていたし、その母親の姉、つまり伯母さんのことを母ちゃんだと思ってて、実際に母ちゃんと呼んでいた」

「そうだったんですか。その時、お父さんは？」

「覚えてないねー。親父さんはその頃、大阪と東京の店を行ったり来たりしてたみたい。殆ど会ってないと思う。伯母さんの旦那さんのことを父ちゃんだと思ってたし……」

「弟さんは？　もう生まれてますよね？」

「弟は、天竜の親父さんのお兄さんの家に預けられてた。親父さんも母親も静岡出身だからね。親父さんは天竜、母親は浜松だから。まぁ、言ってみれば里親みたいなもんだよね」

　昭和30年代とはそういう時代だったのか。いや、それは違うだろう。むしろ、やっと家族が家族らしく、ひとつになって生き生きとした暮らしを始められる、そんな時代だったはずだ。禎一さんはこう続けた。

「母親が退院してからも、暫くはその伯母さんの家に一緒に住んでたんだけど、みんなが母親のことをアサコって名前で呼ぶので、俺は、アサ姉ちゃん、アサ姉ちゃん、って呼んでたよ」

結核は死の病という時代のこと。お母さんは自分に万が一のことがあったらと思うと、不安で悲しくて仕方がなかったことだろう。そして、少し快復し、やっと再びわが子に会えるようになった時には、自分は母親ではなく「アサ姉ちゃん」になっていた……。

幸運なことにお母さんの病気は治り、禎一さんが5歳の頃に、ようやく東京で家族四人の生活が始まる。禎一さんは、それまで母ちゃんの妹だと思っていたアサ姉ちゃんが本当はお母さんだと知った時、「えーっ、マジか！」と思ったらしい。弟のことは「こいつ、誰？」、二郎さんのことは、「え？ この知らないおじさんと暮らすの？」と思ったそうだ。

想像するに、なんとも不思議な生活のはじまりだった。五人きょうだいの末っ子のやんちゃ坊主がいきなり長男になり、知らない男の子が弟に、そして知らないおじさんがお父さんになったのだから。

私はこの話を聞きながら、ふと『ゲゲゲの女房』のことを思い出した。ご存知の方も多いだろうが、『ゲゲゲの鬼太郎』などの作品で有名な水木しげるさんの妻、武良《むら》布枝さんの自伝で、２０１０年にＮＨＫの朝の連続テレビ小説にもなった作品だ。

二郎さんは勿論そうだが、視点を変えると、二郎さんの奥さんの人生も、ゲゲゲの女房に優るとも劣らない山あり谷ありの人生だったに違いない。

調べたみたところ、水木しげるさんは1922年生まれ、二郎さんは1925年生まれで3つ違い。武良布枝さんは1932年生まれ、二郎さんの奥さんは1931年生まれの1つ違いだった。まさに、同じ時代を生き抜いて来られた人たちであった。「生きてきた」というより、「生き抜いた」という表現が絶対にふさわしい人生だ。

決して豊かとは言えない少年時代。禎一さんと弟。母の教育方針。

二郎さんが銀座で「すきやばし次郎」を開店したのは昭和40年。禎一さんが6歳の頃ということになる。

「お兄さんが、自分のお父さんはお鮨屋さんなんだ、とわかったのっていつ頃ですか?」

「そうね、小学校の低学年くらいだと思うよ」

「映画『二郎は鮨の夢を見る』の中で、子供の頃、小野家は貧乏だったと言ってましたよね?」

「そうね、きっと貧乏だったんだと思う。子供なりになんとなくそう感じてたよ。勿論、日本全体が豊かじゃない時代だったけど、金持ちってのはやっぱりいて、子供の世界だと、その頃の金持ちの子と貧乏の子ってすごくわかりやすかったんだよね。金持ちの子はきれいな服を着てコーラ飲んでて、片や貧乏な子は、服が粗末なのは勿論だけど、コーラなんか飲んだことない、みたいな。東京で最初に住んだのは、六畳と四畳半二間の風呂無しアパートだったし……」

私が育った1970～80年代の、みんなが中流意識を持っていた時代とはだいぶ違うらしい。

「その頃のお父さんはどんな感じでしたか?」

「相変わらず、殆ど会わない生活だった。まぁ、母子家庭みたいなもんだよね。たまに会っても口をきいたことがなかったよ。母親が、お父さんは偉い、そんなに気安く話しかけてはいけません、みたいな教育だったせいもあると思う。とにかく親父さんは家の中でお殿様みたいな存在だった」

「気安く口もきいちゃいけないなんて、なんだかとても〝昭和感〟がありますね。でも、せっかく一緒に暮らせるようになったのに……」

「親父さんは、河岸に行くから朝5時半にはもういないし、帰ってくるのも夜10時すぎ。子供は寝てる時間にしか家にいないから、まぁ、仕方ないね」

「休日は？　一緒に遊んだりしなかったんですか？」

「休みの日は、親父さんは山登りが趣味でよく行ってたからね。殆ど家にいなかった」

「あらー、お父さん、かなりマイペース」

「そういえば、面白い話があってね。休日にたまたま山登りに行かず、親父さんが家で寝てた日があったんだよ。それをみた弟が、お母さん、知らないおじさんが寝てるよ、って言いに来たんだって。笑っちゃうよね」

「小野家、なかなか面白い環境でしたね」

「そうかもしれないね」


いろいろな家庭があるとは思う。子供たちが小さい頃、二郎さんは子育てや家のことは全部奥さん任せ。でも大事なことは自分が決めるという、威厳のあるお父さんだったようだ。


禎一さんは、こんなエピソードも話してくれた。

「小学校2年生か、3年生頃かな、同級生と一緒に野球をする時、みんなは思い思いのユニホームを着てるのよ。当時だと、長嶋さん、王さん、田淵さん、村山さんなんかがすごい人気で、同じ背番号をつけてさ。でも、俺はうちが貧乏だと思ってるから、ユニホームを買ってくださいって言えないわけ。だからずっと一人だけ体操着でやっててね。で、ある時ついに、母親にユニホームが欲しいって言うんだけど……」

「そしたら?」

「じゃあ、お父さんにお願いしなさい、って言われて。本当にドキドキしながら親父さんに言ったよね、ユニホームが欲しいです、って」

「敬語ですか?」

「勿論、そう。だって母親には、親父さんとむやみに口をきくもんじゃないって言われてるんだから」

「そりゃあ、本当にドキドキしますね。そしたら、お父さんは?」

「一言。買ってもらえ。それで終わり」

「よかった!」

「どうも事前に母親が言ってくれてたみたいで。嬉しかったね、本当に」

「お父さんと遊んだ記憶ってないんですか? 家族で旅行するとか」

「遊ぶっていうか、泳げないのはよくないからって、店がお盆休みの時に葉山に泳ぎに連れて行ってくれたりはしたよ。あとは、正月休みにスキーに行ったりも……」

それを聞いて少しほっとした。それにしても、お母さんの教育スタイルはすごい。この時代の母親というのはそういうものだったのだろうか。

「子供の頃、お兄さんは何になりたかったんですか？」

「そりゃ勿論、野球選手だよ。ジャイアンツＶ９の時代だもの。俺は王さんが大好きだった。敬遠、敬遠からの逆転ホームラン！　本当に格好いいなーって思ってた」

Ｖ９時代とは、読売ジャイアンツが９年連続してセントラル・リーグ優勝を果たし、プロ野球日本シリーズを制覇した１９６５年（昭和40年）から73年（昭和48年）までを指す。

「なんか、すごく子供らしい子供って感じですね」

「そうかもね。あとは、スキー選手にもなりたかった」

「スキー選手？　なんでまた？」

「『白い恋人たち』っていう、１９６８年にフランスのグルノーブルで行なわれた冬季オリンピックの記録映画を母親が観に連れて行ってくれたのよ。それで、アルペンスキーのあのスピード感に憧れてね。それに、テーマ曲がすごくよくてね。生まれて初めて買ってもらったレコードがそのテーマ曲だった……。その次の１９７２年には札幌オリンピックがあったしね」

そして、禎一さんは本当に詳しく、その映画のこと、クロード・ルルーシュという映画監督のこと、そして、「王者キリー（King Killy)」の異名を持つ、ジャン＝クロード・キリーという圧倒的な強さを誇ったアルペンスキーの選手（グルノーブル・オリンピックに出場し、3種目すべてで優勝し、アルペンスキー世界選手権では6個の金メダルを獲得。さらにアルペンスキー・ワールドカップでは1967年、68年の2シーズン連続で総合優勝を果たす）のことを教えてくれた。

私は、禎一さんが好きなことに対して本当に素直で真っすぐな人であることを垣間見たような気がした（このことについては、また別の章で触れることにする。実は禎一さん、好きが嵩じて目指していた職業があったのだ。結局は鮨職人への道を選んだからこそ今の禎一さんがあるのだけれど）。

「お鮨屋さんになりたいって、小さい頃は思ってなかったんですか？」
「全然。弟はね、言ってたよ、もう小学生の頃から。俺は鮨屋になるってね」
「そうなんですね。ところで、お兄さんと弟さんって、今もすごく仲がいいですよね」
「そうね、それはほんとそう。勿論、子供の頃は喧嘩もしたよ。だけどそれは子供がおもちゃを取り合うとかの喧嘩ね。弟とはいつも一緒だった。遊ぶときも野球をするときも、いつも一緒……」

そうなのだ。禎一さんと話していると、よく弟さんのことが話題になる（もしかしたら禎一さん自身は気が付いていないかもしれないが)。ただ、話を聞いていると、禎一さんと弟さんの関係は、兄と弟、ただ仲のいい兄弟というだけではないような気がするのだ。そこには、なんというか、「リスペクト」といったようなものが存在するように思える。勿論、お互いに。

父親の握る鮨。食べたことのある弟と、食べたことのない兄。

お父さんを、まるで神かお殿様かというくらい貴い存在として子供たちに教え、厳しいしつけをしたお母さん。そのしつけの延長線上にあったかどうかはわからないが、お父さんのお店は子供の行くようなお店じゃないし、お父さんに迷惑がかかるからといって、子供時代に「すきやばし次郎」に連れて行ってもらうようなことはなかったそうだ。言うまでもないが、二郎さんが、お店においで、などと言うはずもなかった。

でも、小学生の頃に一度だけ、営業時間外を見計らって、弟さんと二人だけで、今も当時と同じ場所にある銀座の「すきやばし次郎」へ行ったことがあるという。

「なぜ行ったんだろう? もしかしたら忘れ物を届けに行ったのかも」と禎一さん。なぜ行ったのかは忘れてしまったらしい。

「その時は、お鮨、食べたんですか?」

「食べた。でも親父さんの握った鮨ではないよ」

「えーっ、そうなんですか……」

「お店に行くと、座れ、って言われて、この席(今のカウンター席を指さしながら)に座ったんだけど、握ってくれたのは弟子だった」

「なるほど」

「でも食べたのは5、6貫だよ。営業が終わった後だったから、もしかしたらネタもシャリもなかったのかもしれない。弟がエビが食べたいって言ったんだけど、エビは出してくれなかったのをよく覚えてるよ」

「お兄さんは食べたいもの、言わなかったんですか?」

「言わなかったなー。なんでだろう? 子供の頃は肉も魚もそんなに好きじゃなかったんだよね。肉よりは魚の方が好きだったけど」

「それは普段から?」

「そう。卵と野菜が好きだった。痩せてて、見た目もひょろひょろで。でも運動は得意だったよ」

「5、6貫ですか。それにしても、もうちょっと食べたかったですね」

「そうだね。それで、お腹いっぱいにならなくて、近くにきしめん屋があったんだけどね、そこから出前をとってくれて、きしめんを食べて帰ったんだよ」

幼い兄弟の姿が目に浮かぶ。弟さんはエビが食べたいと子供らしい我儘を言ってはみたもののの叶わなかった。禎一さんは「魚がそんなに好きじゃなかった」と言っていたけれど、食べたいものを言わなかった理由は本当にそれだけだったのだろうか……。

どんな人の人生にも必ずドラマがある。もしも、実際にこの二人の兄弟の人生のドラマを描くとしたら、この日、この場所での出来事は、欠かすことのできないワンシーンになるだろう。

この日、お父さんの握ったお鮨を食べ損ねた二人の兄弟。一体いつ、お父さんの握ったお鮨を食べることになったのか。私はあまり深く考えず、禎一さんに質問をしたのだが、そこにはまた、この二人の兄弟らしい、二郎さんの息子だからこそのドラマがあった。

「じゃあ、初めてお父さんの握ったお鮨をカウンター越しに食べたのはいつなんですか?」

「俺?」

「そう、お兄さん」

「俺はないよ」

　私は耳を疑った。

「え、ないんですか？　一度も？」

「一度もない」

「……」

「弟はね、ある。六本木の店を始めた時に、お願いします、って、ここで殆ど土下座みたいな感じで親父さんに頼んで、あの席に座って（お店のカウンター席を指さしながら）、ひと通り食べさせてもらった」

「いやいや、それは意外というか……。一度もないだなんて、本当にびっくりです」

「そうかな？　仕事しながら時々試食みたいな感じで一貫つまむ、みたいなことはあるけど、親父さんの握った鮨をカウンター越しで食べるなんてことはないでしょう」

「すきやばし次郎」のお鮨は、いわゆる〝おまかせ〟のスタイルで、カウンター席に座ると、定番のネタから季節の旬のネタなど全約20貫、握るとすぐに、一貫ずつ目の前の漆器の黒板の上に置かれる。それを、間を置かず、次のにぎりが置かれる前に食べる。つまり、一貫置かれたらすぐに食べ、次の一貫が置かれ……という具合に、置かれたら間を空けず、すぐに食べるのが一番美味しい。

今でこそ、このスタイルはお鮨屋でよくみられるようになったが、このスタイルを考えたのは二郎さんであり、「すきやばし次郎」が初めてだった。私はいつも深く考えず、ただ食べることに集中し、一貫一貫、「あぁ、美味しい、あぁ、美味しい」と思いながら食べ、あっという間にその20貫が終わってしまうのだが、実は、出されるネタの順番にも美味しいものをより美味しく食べるための試行錯誤があって、二郎さんが現在の順番に落ち着かせた、というのは食通の間ではよく知られた話だ。

カウンターに座ると、握り手の「さぁ、始めましょう」という独特の心地いい存在感を凛とした空気が包んで、世界的に有名なフランス料理のシェフ、ジョエル・ロブション氏が、「天国に一番近い席」と言いながら食べにくるというのもうなずける（ジョエル・ロブション氏は2018年8月6日、73歳で他界された。心よりご冥福をお祈りします）。

そして勿論、ひと通りおまかせ握りを食べたところで、気に入ったネタを追加注文もできる。丁寧な職人の手仕事を感じられるお鮨であることは間違いない。


話を元に戻そう。

そうか。それが職人さんの世界なのだ。でも少なくとも二郎さんと一緒に仕事をするようになって36年。そんな時間があってもよさそうな気もするし、それが無理だとしても、子供の頃に一度くらい親の店でカウンター越しに父親の握ったお鮨を食べる機会がありそうなものだ。そう、普通であれば……。

小野二郎親子。やはり、普通の親子とは随分違う。二郎さんがすごい人であるのはよく知っている。でも、この親にしてこの子ありというか……。この親子の流儀はつくられたドラマよりもドラマチックだ。

私はこの先のドラマのシナリオを考えてみる。じゃあ、禎一さんがカウンター越しに二郎さんの握ったお鮨を食べることができるタイミングは、いつが一番ドラマチックだろうかと。答えはひとつしかなくて、やっぱりそれは、二郎さんが引退をするときだろう。でも、禎一さんにはとても申し訳ないけれど、それがまだまだ先であることを私は心から願っている。だから、それまでできる限り長く、禎一さんにはいい息子、いい弟子として我慢していて欲しい。

禎一さんはこんなことを話してくれた。

「親父さんと母親によく言われるの。小さい頃、東京から静岡まで里帰りするのに、新幹線はもうあったんだけどお金がないから鈍行で6時間もかけて帰っていて……。でも、俺も弟も一度も騒ぐことはなくて、ずーっと静かにしててくれて、本当に助かった、ってね」

「めちゃくちゃいい子じゃないですか。6時間は長いし、男の子二人だと大概わけわかんない遊びを始めますよね。そして最後はどっちかが泣き出すという……」

「静かにしてなさい、って言われたから、静かにしてないといけないんだなって思ってただけなんだけどね。だって、とにかく親父さんのこと、怖かったし」

「でも私、お兄さんが中学時代やんちゃだったって情報も持ってるんですよね。お父さんがそんなに怖かったのに、どうしてグレたんですか？」

「あー、グ、グレてはいないよ。水泳部に入ってね……、ちょっとね……」

「わかりました、わかりました、今日はここまでにしておきましょう。ここから先の話は、次回、2回目の取材の時ということで」

ちょうど1回目の取材が終わりかけた頃、床屋さんへ行っていた二郎さんがお店に帰ってきた。

◉第1回取材のこぼれ話　この日の二郎さん

ガラガラとお店の入口の扉が開く音がする。私が取材をしている間、テキパキとお店やお勝手の清掃をしていたお弟子さんたちの手が止まり、視線が入口へ集中した。

「おかえりなさい」

「おかえりなさい」

「おかえりなさい」

禎一さんが、皆さんが、それぞれに声をかける。二郎さんが床屋さんから戻ってきたのだ。

「お父さん、おかえりなさい。外はすごく暑かったでしょう？　大丈夫ですか？」

そう私も二郎さんに声をかけた。二郎さんは少し耳が遠いのだが、それでも少し相手が大きな声を出せば、ちゃんと聞こえる。これまた不思議なことなのだが、禎一さんの声はよく聞こえるようだ。

「暑かったですよ、でも大丈夫でした」

二郎さんは私と話すとき、いつもきちんとした敬語を使う。

「地下じゃなくて、外を歩いて行ったんでしょう？」

「そうです。外からしか行けないところなんです。銀座五丁目にある床屋さんで、ちょっと道を入ったところにあるからですね。わりにね、私は暑いのは大丈夫な方なんですけど、今日は本当に、暑いですね」

聞けば二郎さんは、翌日の日曜日は用事があって静岡へ行く予定があり、近々、岐阜県の多治見へも用事があって行くことになっている、という話だった。今年（2018年）の夏は本当に酷暑続きで、しかも多治見といえば日本一気温が高いとニュースになるほどの場所ではないか。行く時は本当に気を付けてくださいね、というような、そんな会話をしている時だった。

お弟子さんの一人が禎一さんのところへ、コードレスの受話器を持ってきた。

「お兄さん、六本木からお電話です」

禎一さんは電話をかわった。どうやら、六本木の弟さんからのようだった。

私はテーブルをはさんで目の前にいる禎一さんの電話のやりとりを聞くともなく聞きながら、そろそろ御暇《おいとま》する時間だったので、テーブルに広げていたノートや筆記用具を片付けにかかった。

その時、二郎さんは、私たちが座っているテーブルの傍に立っていた。

禎一さんの電話の内容は、だいたいこんな感じだったと思う。

「はい、お疲れ様です。うん、うん、うん。五人ね。日にちは？　○月○日ね、はいわかった。時間は？　はい、わかった。うん、いいと思います。今、お昼休みなんで、休みが終わった頃に、取れるかどうか確認して連絡します。はい、はい、はい……」

電話が終わった。

すると、二郎さんは間髪を入れずに言ったのだ。

「野田岩か？」

まさにその通りだった。「すきやばし次郎」のお隣には、うなぎで有名な「野田岩」が入っている。弟さんからの電話は、知人に頼まれたので「野田岩」の予約をして欲しいということらしかった。

二郎さんの勘の鋭さには、本当に驚いてしまった。

おまけに帰り際、「孝ちゃん、ハンカチ、忘れてますよ」と、93歳の二郎さんに指摘される始末……。しっかりせい！と自分に活を入れながら帰路についたのだった。

第2回 取材記録（2018年8月4日・土曜日）

2回目の取材日は、2018年8月4日。土曜日。14時からという約束だった。

私は1回目の取材を終えてから2週間ほどで、1回目の取材原稿をまとめた。自分の中では、この本を書こうと思った時から構成を考え、企画書にも記してはいたが、実際に原稿にしてみると、本当にこれで大丈夫だろうかという不安も大きくなった。

正直なところ、原稿を書くこと自体は思っていたよりも苦労なく、進めることができたように思う。実際、普段の私は、文章の長い短いに関係なく苦労する場合が多いのだが、今回は自分でも不思議なくらい順調に進んだ。

というのも、禎一さんの話はどれも興味深く、またそれを禎一さんらしいユーモアを交えて話してくれるので、取材自体が楽しくスムーズに進むからだ。

この企画を持ち込んだ当初から、禎一さんは内容や全体の流れ、文章のテイストについて、「お任せします。自由に書いていいですよ」というスタンスで臨んでくれた。とはいえ、まずは本当に大丈夫なのかを確認するためにも、早いタイミングで一度読んで欲しくて、私は1回目の原稿ができるとすぐに、その原稿を届けた。

そして、待つこと数日……。携帯電話に禎一さんからのメッセージが届く。そこには、「原稿、読ませて頂きました。面白かったです。いいんじゃないかな。また宜しくお願い申し上げます。」とあった。とにかくひと先ずほっとした。

しかし、この〝ほっとした〟ことが実際にはよかったのか悪かったのか……。2回目の取材を終え、まさに今、これから書こうとしている原稿のために録音データを聴きなおし、我ながら驚くことになろうとは……。

私、リラックスし過ぎではないか！「悪い癖が出てしまった」、録音データを聴き終えた今、そんな気持ちになっている。

今回は、禎一さんの、主に中学、高校時代のことを中心に話を聞くことになっていた。禎一さんは中学時代、いわゆるやんちゃな男子であった。私の学生時代にも、やはりやんちゃな男子がクラスにいたが、今回は禎一さんの話を彼らの面影と重ねながら聞くことになった。

やんちゃだった学生時代。そう、これこそ禎一さんの青春時代なのだ。

改めて「青春」という言葉を辞書で調べてみる。そこには、「夢や希望に満ち、活力のみなぎる若い時代を、人生の春にたとえたもの」とあった。禎一さんの青春はあっという間に通り過ぎてしまったけれど、今でも禎一さん自身の記憶にはっきりと残るくらい、濃密な時間の連続だった。

そんな禎一さんの青春時代の話はとても楽しく、取材も笑いの連続で、気が付けばため口をきく始末だった。

2回目の取材原稿は、内容的にどこまで書くか、書きれるか、そして、本当に書いていいのか、そんな一抹の不安を覚えつつ、でもできるだけ忠実に、そして正直に、書き進めることにする。読者の皆さまには、現在と当時の教育事情の違いなど、ご理解いただきつつ読み進めていただければ幸いである。

やんちゃだった中学時代。つまりそれは、不良少年?

小野二郎一家は、東京・中野区に住んでいる。これは、家族で静岡から東京へ引っ越してきた時からそうで、現在、住まいは別々であるが、禎一さんも二郎さんも中野区に住んでいる。

驚くのは、93歳になる二郎さんが、現在も地下鉄丸ノ内線に乗って一人で出勤しているということだ。禎一さんは毎朝6時に家を出て、仕入れのために市場へ行くので、二郎さんと禎一さんはそれぞれ自分の時間で出勤している。

わりと最近の話であるが、二郎さんが地下鉄に乗っていると、じーっと、少し気持ちが悪いくらいに二郎さんの顔を見つめる男性がいたのだそうだ。きっと、「まさか小野二郎？　いやいや、地下鉄に乗ってるわけないよな。それにしてもよく似てるけど……」と半信半疑で見つめてしまっていたのだろう。気持ちはわからなくもない。

でも、二郎さんとしてはじーっと無言で見つめられ、とても居心地が悪かったようで、「人の顔をじーっと見てんじゃねぇ！」と、その人を一喝したのだそうだ。

私はびっくりしてしまい、「ちょっとお父さん、昨今、変な人もいますし、もし相手に逆上されて何かあったら大変ですから、そういう時は無視しておいた方がいいですよ」と言った。すると、「そしたらその人、もしかして、すきやばし次郎の、二郎さんですか、って言うんだよ」と、二郎さん。結局、やはりそういうことだったらしい。

私は禎一さんに中学時代の話を聞きながら、この二郎さんの話を思い出し、これって遺伝かも、なんてことを考えていた。
以前から、禎一さんは学生時代は結構やんちゃしていた、という話を聞いていたのだが、本当のところはどうなのだろうか。

「今日は、中学、高校時代のお話を聞きたいのですが、中学は地元の中学に行ったんですか?」

「そうそう地元の。中野第二中学校。高校は、杉並にある専修大学附属高校。高校はねー、そこしか受け入れてくれるところがなかったの。中学時代、悪かったから。高校は、今は共学だけど、当時は男子校だった」

「学生時代にやんちゃだったって話は聞いてますけど、それっていわゆる、不良だったってことですか? お父さん、めちゃくちゃ怖かったんでしょう?」

「家ではねー、猫かぶってた」

「そうなんですね(笑)。どうしてまた、やんちゃ道に?」

「中1の時に水泳部に入ったんだよね。小学校4年生まで泳げなくて、親父さんが、泳げないのは何かあった時に困るからって、小学校5年生の時から水泳を習わせてくれたんだけど、6年生で中野区の大会に出るくらいになって……。ところが、中学になって同級生のやんちゃ連中が全員水泳部に入ってさ、しかも中2の時に全員同じクラスになって、そりゃ、毎日楽しいよね」

「それで、水泳の練習をしなくなっちゃったんですか？」

「いやいや、やるよ、暖かい季節は。一応、キャプテンだったし」

「キャプテンなんてすごいじゃないですか。速かったんですか？」

「個人の成績は、中1の時は中野区で3番、中2の時は6番、中3の時は8番だった。でも、都大会に出るには中野区で1、2番にならないとダメだった。まぁ、水泳部って秋冬は暇でしょう。寒い時期に走り込みしなくちゃいけないんだけど、そんなの俺たちがやるわけない。だから、放課後はまぁ、ふらふらしてるわけよ」

「ふらふら、ですか。やんちゃっていうのは、具体的にはどんなことをするんですか？」

「そうねー、まぁ、他校の奴らと権力争い？　領土争い？　みたいな喧嘩だよね……。まぁさ、男ってバカなのよ」

禎一さんは笑いながら言った。


いろいろな喧嘩のエピソードを聞いたのだが、きっかけは本当に些細なことのようで、当時、国鉄中央線（現在のJR中央線）は中野区を北と南に分断しており、禎一さん曰く、北と南が対立（あくまでも中学生の間で）しており、まずは北同士、南同士で喧嘩をし（喧嘩をすると結果的に仲良くなるらしいのだが）、最終的には北の集団対南の集団の喧嘩へと発展していくのだそうだ。

そして、そんな話の中でも、やはり禎一さんらしいエピソードがあった。それは、中野区の全中学生が集まって音楽会が開催された時のこと。やんちゃなメンバーとしては、区の中学生が全部集まることなどそうそうないことなので、音楽会などそっちのけで、自分たちの権力を確かめられる時が来たとばかりに、その日が近づくにつれ、「他校の奴らと喧嘩しよう！」という話で持ちきりになったという。そして当日、音楽会の会場は一触即発の現場になっていて、誰が合図するともなく喧嘩が始まったというのだが……。

禎一さんは、喧嘩相手の中に以前喧嘩をした後すっかり仲良くなった他校の生徒をみつけて話し込んでしまったらしく、現場に先生が駆けつけ、他の生徒たちが蜘蛛の子を散らすように逃げてしまった後、なんと禎一さんだけが捕まってしまい、こっぴどく叱られたというのだ。

禎一さんは、どこかとてもお人よしというか、親しみやすい雰囲気がある。それは、その頃からきっとそうであったに違いない。中学3年生の時の担任の先生は特攻隊出身のとても怖い人で、禎一さんはよくその先生にボコボコに殴られていたらしいのだが、「お前は本当に陰日向がない性格をしている」と言われ、卒業する頃にはとてもかわいがってもらったそうだ。

それにしても、中学時代にはいつも切り出しナイフを持ち歩き、休み時間になると、教室の後ろにある掲示板に投げては刺し、投げては刺しして遊んでいて、2年生の時の担任の先生からは、「そういうことをやっていると、お前はダメ人間になるぞ」とよく言われていたという。禎一さんのクラスは、週1ペースで教室のガラスが割れる、学校一荒れたクラスだったらしい。

お母さんが学校に呼び出されることもよくあり、そんな時、お母さんは「呼び出されるのはいつも同じお母さんばかりだね」と言っていたそうだ。禎一さんは「家では猫をかぶっていた」と言うが、実際のところ、禎一さんが猫をかぶれるような性格じゃないのは明らかなので、きっと親は全てをわかっていたのだろう。小野家には「悪さ」に対して独自の基準があったのかもしれない。

「くそババア」と母に言った弟と、言えなかった兄。警察官より怖い父。

そこで私は、こんな質問をしてみたくなった。それは、男の子の母親が必ずといっていいほど通る道。「くそババア」発言についてだ。反抗期、生意気になった男の子は、どこかのタイミングで自分の母親のことを「ババア」だの、「くそババア」だの、つい勢いで言ってしまう、というやつだ。

「ところで、お兄さんはお母さんのことを、〝くそババア〟とか言ったことはないんですか？」

「ないよ」

「それは珍しいですね。男の子ってだいたいそういうことがあるっていうじゃないですか」

「それには理由があってね。ある日、弟が言ったんだよ、『このくそババア！』って。それで、涙ぐんでる母親をみちゃったんだよね……」

「それで自分は言えなくなったんですか？（笑）」

「そう。母親がかわいそうでさ。あー、俺はくそババアって言うのはよそうと思った。だけど一度だけかな、うるせーって言ったことはある。学校へ行く前に、朝からなんかガチャガチャうるさいことを言われたから、うるせーって言い捨てて学校に行ったんだよね。そしたら、家に帰るとテーブルの上に置き手紙がしてあってね、朝のあの態度はなんですか……みたいなことが書いてあった」

なるほど、その手があったか。置き手紙で戒めるとは、さすが小野家の母親だ。

一方、学生時代の禎一さんにとって、二郎さんはどんな父親だったのだろうか？

聞けば、「とにかく怖かった」という答えしか返ってこない。そんなに怖かったということは、よほど怒られたことがあるからなのだろうと思って聞くと、実際には怒られたことはないし、ひっぱたかれたことも一度もないという。それなら一体、何が怖かったんでしょうかと尋ねる私に、禎一さんはこんな話をしてくれた。

「こう、何というか、今思うと、人を寄せつけないオーラが親父さんにはあったんだよね。例えば、近所のおじさんとか友達のお父さんは全然怖くないのよ。でもなんか、親父さんはそこにいるだけで緊張する、みたいなオーラがあった」

「確かに、今もオーラは感じますね。でもそれは、すごくきちんとしている、という雰囲気で、怖いっていうのとは全然違いますけどね……」

「今なんて、ほんと、優しいおじいさんだもの。昔とは全然違うから」

「そうなんですか？」

「親戚にも、あんたたちのお父さんはカミソリみたいな人だから、って言われていたくらい、なんかピリッとした緊張感のある人だった」

「なるほどねー。中学、高校時代も相変わらず、お店に行くことはなかったんですか？」

「殆どないね。あっても数えるくらい。店が休みの日に掃除を手伝いに行ったことが数回あったかな。男の仕事場に女房、子供が行くもんじゃない、っていうしつけ方というか、そういう方針だった」

「なるほど」

「親父さんが怖いといえば、ある時、弟が新宿の喫茶店で学生服を着て仲間とだべってて、警察官に補導されたことがあってね……」

「弟さんもやんちゃだったんでしょ？」

「やんちゃだった。それで、正直もうその頃の俺たちは、先生に対しても、警察官に対しても、態度が生意気なわけ。やれ、どこの学校だ？　何年生だ？　っていろいろ聞かれても、お前みたいな星ひとつの奴らには話さねぇ、みたいなことを言っちゃうわけよ」

「え？　それって警察官にですよね？」

「そうそう、警察官に向かって。今思うとほんと生意気だよねぇ」

「それは、なかなかですねぇ」

「でしょう？　でも兄弟そろってそんな感じだった」

「なるほどー。で、その星ひとつって何ですか？」

「警察官が制服に星のバッジをつけてるんだけど、星ひとつは巡査だから偉くないってわかってて、それで、余計に生意気な態度をとるんだよ」

「へー。そういうことを知っているわけですね」

「そりゃあ、そういう連中はみんな知ってるよ」

「へー」

「でもね、警察官に言われるの。何も答えないなら、お父さんを呼ぶよ、って。そしたら、もう態度は急変だよね、ハイ！　ハイ！　何でも答えます！　ってなる。そのあまりの態度の変わりように、警察官も、何？　お前のお父さんはそんなに怖いのか？　って言うくらい、俺たち兄弟にとって親父さんは本当に怖い存在だった」

　やんちゃ時代の小野兄弟は、「今日さー、喫茶店でさー、ひとつ星のおまわりに補導されてさー、親父さん呼びますって言われてマジ焦ったよー」のような会話をしていたわけだ。

禎一さんにとって、学校の先生よりも警察官よりも怖い存在だった二郎さん。でも、正直なところ私は、こういう話を聞いても、今の禎一さんと二郎さんの雰囲気からは想像もできない。確かに、お店ではいつも、禎一さんは二郎さんに敬語で話しかける。所謂、師匠と弟子の関係だ。でも家ではもう少しラフな口調になると以前に聞いたことがあった。

「お父さんが今みたいに優しくなったなーって思ったのはいつ頃ですか?」

「そうねぇ、俺がちょうど50歳くらいの頃かな。急に母親が、最近お父さん、お前に優しくなったね、って言ったんだよね。その時に、あぁ、確かにそうかもなーって思った」

「つまり、お兄さんが23歳の頃からお父さんと一緒に仕事をしてきて、それまでずーっと厳しかったし、怖かったということですか?」

「そりゃあ、勿論そうよ。口調も常に命令口調だった。あれやれ、これやれ、ああしろ、こうしろ、っていう感じ。でもね、確かに10年くらい前からかな、相談をしてくれるようになったんだよね」

「相談……」

「そう。例えば親父さんが、もっとこうした方が美味しくなると思うんだけど、どう思う？　みたいに、相談をしてくれるようになった」

「それは大きな変化ですね」

「そうだよね。ちょうどその頃だったんだけど、ある日、つけ場に二人で立って鮨を握ってる時に、突然、本当に突然、親父さんに言われたんだよね、お前には負けないよ！　って。しかも、結構強い口調で」

「お前には負けないよ！　ですか？」

「そう、そう言ったの」

「やっぱり厳しいですね、二郎さん……」

「そん時は、ほんと嬉しかったねー。いやほんと、嬉しかった……」

「嬉しかった？」

「そうよ。だってそうじゃない、俺のことを鮨職人として認めてくれたから出てきた言葉だから」

　禎一さんはしみじみと、そして凛とした表情でそう言った。

意外にも硬派な高校時代。

時は少し経過し、禎一さんの高校時代。

禎一さんのことを知っている人なら、禎一さんは決して硬派ではなく、仕事を離れるととても気さくだし、歯に衣着せぬおしゃべりが楽しいので、学生時代から女子にもそこそこ（そこそこ、とは失礼かもしれないが）人気があってもおかしくない、と思うはずだ。

現に、やんちゃだった中学時代、禎一さんに泳ぎを教えて欲しいと言ってくる女子生徒もいたようで、そういう時は優しく教えてあげていたと、鼻の下をのばしながら（失礼！）とても楽しそうに話していた。

ちなみに禎一さんは、今でも年に一度開催される中学の同窓会に参加し、同級生との交流を楽しむそうだ。女子の同級生たちとも交流があり、よく皆で集まって「すきやばし次郎」にお鮨を食べに来てくれるのだそうだ。

そんな禎一さんが進学したのは、意外なことに男子校だった。

「なぜ男子校に行ったんですか？」

「どこも入れてくれなかったの。そこしか行くところがなかったんだよ」

「ちょっと意外です。チャラい高校生になったのかと思ってました」

「なりたかったねー。でも真逆、ほんと真逆だった。硬派っていうか、バンカラっていうか、とにかくそんな感じだった。高校3年間、女子としゃべったこともなかったし、しゃべれなくなった。担任が、日本がダメになったのは男女共学になったからだ！って言うんだから。今からすると、ほんと信じられない先生だよね」

「へー、そういう時代だったんですねー。それは、お兄さんの暗黒時代ですね」

「そうそう（笑）」

こんな話をしながら、男子しかいない環境の中で、禎一さんのやんちゃぶりは益々凄味を増していったのだろうと私の頭の中では想像が膨らみつつあったのだが、それは簡単に裏切られることになる。


「で、お兄さんはいつ頃までそういう、喧嘩ばっかりの荒れた生活を送ってたんですか？」

「高校に入ったらすぐやめたよ。そんなチンピラみたいなこと、いつまでもやってられないでしょう」

「案外、悟りが早かったんですね。お父さんに何か言われたとかあったんですか?」

「親父さんは何も言わなかった。小さい時から勉強しなさいと言われたこともないし、喧嘩ばっかりしてても何も言わなかった。でもまわりをみてるとなんとなくわかるよね、このままじゃあ、いけないよなぁって。制服は、ボンタンを穿いていたり、寸胴を着ていたりはしたけど、それはあくまでもおしゃれ? の範囲だね!(笑)。真面目ってわけではないのかもしれないけど、まぁ、高校に入って生活ぶりは変わったなぁ」

「そうだったんですね。バイトとかはしなかったんですか?」

「そうそう、バイト、したねぇ。それがさぁ、高校2年の夏休みにね……」


高校2年生の時、友人と4人で行った夏休みのアルバイトは、得意の水泳を生かした後楽園プールでの監視員のアルバイトだった。しかもそのアルバイト、大学生じゃないと採用してもらえないため、大学生だと嘘をついて行ったのだった(動機は350円という当時では高い時給だったらしい)。心を入れ替えて、やんちゃを卒業した、というわりに、大胆なことをする肝の据わり具合は、禎一さんらしいといえば禎一さんらしい。

「それ、最後までバレなかったんですか?」

「それがねぇ、最後にバレたんだよ。打ち上げがあって、そこで酒が出てね、仲間のうちの一人がベロンベロンに酔っぱらって……。お前ら高校生かー！　って、ほんと、こっぴどく怒られたなぁ」

「あらら、そりゃ大変だわ」

「ま、今思うとそれも青春だね。それよりさぁ、バイト先には勿論女子学生もいたんだけど、その頃は本当に女子としゃべれなくて、とうとうバイトが終わるまで一言も女子としゃべらずに終わってしまったという……。ほんと、残念だよね」

「何か、今のお兄さんからすると信じられないですね（笑）」

「そうだよねぇ（笑）」

古武道「荒木流拳法」との出会い。

すっかり硬派な高校生になった禎一さんだったが、当時、学生の間で大変な人気となっていたのがブルース・リーだった。時は1970年代。ブルース・リーのカンフー映画は、「燃えよドラゴン」「ドラゴン怒りの鉄拳」「ドラゴン危機一発」など、日本でも大ヒットの連続で、今よりも娯楽の少ない時代、映画は若者にとって一番の娯楽だった。

実は、禎一さんは映画についてはかなり詳しく、話題についていくのは結構難しい。二郎さんもお母さんも映画が好きで、禎一さんが子供の頃から家のテレビでもよく洋画を観ていたし、幼い時からお母さんに連れられて映画を観に行くこともよくあったという。

余談ではあるが、映画といえば、時折、「すきやばし次郎」を訪れたハリウッドスターのことがワイドショーなどの話題になることがある。トム・クルーズさん、ヒュー・ジャックマンさん、レオナルド・ディカプリオさんなど、そうそうたる世界的な映画スターがプライベートジェットに乗って、「すきやばし次郎」に行くことを楽しみに、日本にやってくるのだ。私はそんな報道を目にする度、禎一さんや二郎さんにどんな雰囲気だったかを聞くのだが、たいてい「あぁ、来たね」の一言で終わってしまう。禎一さんも二郎さんも、どうやらさほど特別なこととは思っていないのかもしれない。というのも、「すきやばし次郎」は完全予約制なのだが、別の予約でいっぱいの場合、いくら著名な人でも予約を受け付けず断るのだという。見方を変えればあたり前のことなのかもしれないが、もし自分が店主だったら、できるようでなかなかできないことではないかと思う。

さて、ブルース・リーといえば、なんといってもヌンチャクであるが、当時、ブルース・リーに憧れてヌンチャクを持っている中高生が結構いたと禎一さんは話していた。

そんなある日、禎一さんが「中野区報」に目を通していると、古武道「荒木流拳法」の生徒募集の記事をみつけた。カンフーとは違うが、日本の〝武術〟というものに興味があった禎一さん曰く、「中学時代、喧嘩ばかりしていた名残りで、強くなりたくて興味を持った」。練習場所も中野区の体育館だったので、それなら通えると思い、友人3人と早速入門の申し込みをしたのだった。

武術、古武道などというと、なんとなく精神面を鍛えることにも繋がるイメージがあるが、今にして思うとやはりそういう面も大きかった、と禎一さんは話していた。

思いがけず出会った古武道「荒木流拳法」であったが、熱心に練習を重ね、禎一さんはどんどん上達していった。月謝は自分の小遣いの中から払っていたそうで、遊びたい盛りの高校3年間、小遣いが減ってもそれを習い続けた。次第に武道が好きになり、裏表なくいつも真正面から「肉を切らせて骨を断つ」という、その考え方に惹かれていたからだそうだ。

ただ、練習に行くためとはいえ、禎一さんはいつも鎖や模造刀を持って地元を闊歩していたため、ご近所の人たちからは、「小野家の息子はちょっとヤバいぞ」と言われていたようだ。

【古武道「荒木流拳法」について】

由来

今より四百余年前、天正の昔より言い伝えがある。『武芸流派大辞典』また『尾張藩武術集録』およびその他の文献などによれば、遠く荒木摂津守源村重の孫にあたる荒木夢仁斎源秀縄より伝承された荒木流拳法は、古くは中国の拳法から発達した戦国時代天正の頃の遺産で、荒木夢仁斎の頃、実戦体験から武術として伝えられたものである。この武術は現在から見れば原始的要素を多分に持っている。言い換えれば武術が剣術、柔術などに体系づけられる以前のもので、棒、鎖、小具足、長巻、刀術、拳法などが未分化のまま受け継がれている総合武術である。また、荒木流拳法は、鍛錬に鍛錬を重ね、特に礼や節度などを重んじ人格形成にも努め、いわゆる文武両道を本旨としているものである。

流儀の特徴

一、総合的な武芸の流儀である。
二、鎖鎌、乳切木などにおいて鎖を使用する。
三、攻めが主体でなく、防御を基本とする。

四、各技も荒々しく実戦的で、技の最後は必ずとどめを刺す。
五、棒、鎖、小具足、長巻、刀術、拳法などが未分化のまま受け継がれている総合武術である。
六、荒木流拳法の理歌の一つに「稽古をば勝負するぞと思えなし　勝負は常の稽古なるべし」と理念を謳いあげている。

「日本古武道協会」オフィシャルサイトより

毎年11月3日、明治神宮内にある武道場に、全国にある古武道の流派が集まり、大会が開催されるのだが、禎一さんは高校2年生の時、荒木流拳法の代表に選ばれて大会出場を果たした。

その時、本当に珍しいことが起こったのだった……。

写真を撮るために、二郎さんが明治神宮の武道場まで来てくれたのだ。普通の家庭ならなんでもないありふれたことではあるのだが、そこは独特な流儀を持つ小野家のこと。実際、そういう子煩悩なことを二郎さんがすることは殆どなかったという。小野家にとってはとんでもなく珍しいことだったのだ。禎一さんはそんな父親の行動に驚きもあり、何とも言えず、とても嬉しかったことを今もよく覚えている、と話していた。

この話には先がある。もしかしたら、そう、ほんの少しだけタイミングがずれていたら、禎一さんはこの「荒木流拳法」の指導者として、海外へ渡っていたかもしれないのだ。

禎一さんが高校3年生の終わり頃の話である。この古武道の師匠に呼ばれた禎一さんは、「ある国からの要請で、私は指導者として海外へ行くことになった。君はとても筋がいい。君をぜひ一緒に連れて行きたい。指導者として一緒にやって行こう」と誘われたというのだ。就職話だった。

だが禎一さんは自分の意志で、その話をすぐに断った。そして言うまでもなく、その時断ったからこそ今の、鮨職人の禎一さんがここにいるのだ。

18歳。若い。人生には幾度も岐路があり、時に、そこには迷いや後悔がつきまとうものだ。しかし当時、禎一さんは、この選択に迷いは微塵もなかったという。

なぜならば、「生きていくということ」「働くということ」について、誰の言葉よりも重く、真実をついていると思える父の言葉があったからだ。

夢と現実とのはざまで。就職について考えていたこと。

そもそも就職について、高校生の禎一さんはどう考えていたのだろうか?

1回目の取材の時、弟は幼い頃から鮨屋になりたいと言っていたが、自分は全くそんなふうに思ったことがなかったと話していたが、その気持ちは高校生になっても変わらず、なるようにしかならないという気持ちだったようだ。そして、親には前々から、鮨屋になる気はないと、なんとなくは話していたという。

「就職については何か考えていたんですか?」

「んー、そうね、もしも目が悪くなかったら、航空自衛官のパイロットを目指したかったかもしれない、スピード好きだから」

「今も、車とかとても好きですよね？」

「そうそう。運転も大好きだね」

「免許はいつ取ったんですか？」

「バイクの免許をね、16歳になったらすぐにでも取りたかったんだけど、それだけは親父さんにダメって言われて……。他のこと、何やるにしてもダメって言われたことはなかったんだよ。親父さんの存在そのものは本当に怖かったんだけど、そういった意味では、放任っていうか……、古武道を始める時だって何も言わなかった」

「そうなんですね」

「実際、中学時代は地元の奴らと喧嘩ばっかりしてて、部屋には木刀やら鎖やら模造刀があるわけでしょう。本当は〝我が息子ながら、何考えてるんだコイツは？〟ってのもあったかもしれないけど、何も言わなかった。ただ、バイクの免許だけはダメって言われたんだよ」

「バイクの免許なんか取ったらどうなるかわかんないって思ったんでしょうね、きっと」

「そう言われた。お前みたいな奴がバイクの免許なんか取ったらロクなもんじゃねぇってね。スピード好きっていうのは知ってたからね、テレビでオートバイとか車のレースをよく観ていたし。もしも事故を起こして、死んでくれりゃいいけど、下手に生き残って一生面倒みなきゃならなくなるのなんてごめんだ、って言って、とにかく許してくれなかった」

「二郎さんらしい言い方ですね」

「でも就職が決まって、仕入れや配達でバイクに乗るから免許がいるって言われて、結局、高校卒業の少し前に取ったんだよ。バイクも車もほぼ同じタイミングで。免許取ってすぐに友達のバイクを借りて、小田原厚木道路を走りに行ったんだけど、どれくらいスピードが出るか試したくて、結局170キロまで出して、みんなついてこれなくて……。同級生には、お前、いつか事故起こして死ぬぞ！って言われたよ。昔の話だね（笑）」

「てことは、お兄さんは、いつ料理人の世界に入るって決めたんですか？」

「高校3年の秋。夏休みが終わった頃だった」

「お父さんの後を継ごう、って思ったんですね？」

「いや、そうじゃない」

「ん？　そうじゃない？」

「親父さんが、ある日、言ったんだよね、お前、将来何するつもりなんだ？って。それで俺は、カーレーサーを目指したい、と言った」

「カ、カーレーサーですか？　まさかの展開です（笑）」

「俺は真剣よ。密かにカーレーサーになる道を模索していたんだよ」

「それはびっくりです。本当に好きだったんですねー。それで、お父さんは何と？」

「そんなもんで食っていけるかっ！」

「それだけ？」

「そう、その一言で終わり」

「抵抗しなかったんですか？」

「しない、しない。抵抗なんてできないよ。とにかく親父さんのことがおっかねぇんだから。料理屋を探してやるって言われて、はい、お任せします、と言った」


この「お任せします」から、禎一さんの道が始まった。これは想像に過ぎないのだが、私は禎一さんが、心のどこかで父親の言葉を待っていたんじゃないか、とも思う。そして、そこから一度もブレることなく、コツコツとひとつの道を歩み、もうすぐ還暦を迎えようとしている。

二郎さんはこの時、どんな気持ちだったのだろうか？　禎一さんに、本当に自分と同じ道を歩ませたかったのだろうか？

私は以前、二郎さんがこんなことを話していたのを思い出した。

「向いている仕事なんてないんです。ただ、目の前にある仕事を一生懸命やってきた。そしたら、自然に仕事の方が自分に向いてくるんです」

これは、私が「二郎さんは鮨職人という仕事が向いていたんでしょうね」と言った時の、二郎さんからの返答だ。二郎さんは、「向いてるとか向いてないとか、自分は言えなかったからですね、今の人は幸せですよ」とも言っていた。

「そんなもんで食っていけるかっ！」と禎一さんを一喝した二郎さん。そこには、「手に職をつけなさい。生涯食うに困らないように」という自らの経験からの思いが込められていたのだろう。それは、7歳で奉公に出た二郎さんだからこその言葉とも言えた。

困難だった就職先探しと、今でも脳裏に焼きつくあの時の父の姿。

しかし、禎一さんの受け入れ先を探すのは、そう簡単なことではなかった。当時、二郎さんは52歳。「すきやばし次郎」を構えてから、約12年が過ぎていた。

「で、すぐに行き先が決まったんですか？」

「いや、実はそれがなかなか決まらなかったんだよ。実際に決まったのは高校を卒業した年の9月の終わりで、働き始めたのは10月1日からだった」

「そうなんですか？　二郎さんがお願いしたら、すぐにどうぞ、ってなりそうですけど」

「いやいや、全く逆で、親父さんの息子ってことでみんな断ってくるんだよ」


「すきやばし次郎」はその頃すでに頭角を現し、二郎さんは料理人の間でちょっと恐れられる存在になっていた。でも、二郎さん自身はそういうことを全く意識していなかった。

二郎さんは、人にどう思われるか、人にこう思われたい、などということを気にしない人だ。そもそも偉大な鮨職人として著名になったのは人からの評価の結果であり、二郎さん自身は昔と全く変わっていない。

二郎さんはこれまで、もっと美味しいお鮨を作ろうと仕事を続けてきた。そしてそれは、今も昔も全く変わらない。つい最近も、二郎さんが発想し、禎一さんが試作をして、お互いに試食を繰り返し、この味がベスト、というところで新ネタが誕生したばかりだ。93歳の今でもまだそんなふうに新しい発想が生まれるというのは本当にすごいことだと思う。

二郎さんの凄さというのを挙げるときりがないのだが、二郎さんの仕事はとても繊細かつ理にかなったものであり、それまであたり前とされていたことでさえも、美味しくするためであれば躊躇なく変える。例えば、鮨屋によくある、つけ場と客の間に置かれているガラス張りのドーム型の冷蔵庫もそうだ。今でこそあのガラス張りの冷蔵庫をなくし、木製のネタ箱にネタを保管している鮨店も増えた。しかし、それを最初に始めたのは二郎さんである。しかも、「すきやばし次郎」を構えた、今から50年以上も前、開店当初からそうなのだ。当時、木製のネタ箱の既製品など勿論この世にないわけで、二郎さんの発想でサイズを決め、一つひとつ、大工さんに作ってもらったという。

なぜそうしたのか？　理由は簡単だ。美味しいものをより美味しくするため。鮨ネタにはシャリと合わせた時、そのネタに合った一番美味しくなる温度がある。それなのに、全部同じガラス張りの冷蔵庫に入れて、全部同じ温度で保管しておくのはおかしい、というわけだ。例えば、エビやあわびは温かいうちに握る。あなごやはまぐりは常温で。コハダやアジなどのひかりものは冷たく。それが一番美味しくなる、という発想からである。

この話ひとつにしても凄味を感じさせるのだから、当時、「すきやばし次郎」の名が東京だけでなく関西でも知れわたり、二郎さんが料理人の間で恐れられていたというのもよくわかる。まして当時はまだ50代。優しさよりも厳しさの方が前面に出ていたのだろう。二郎さんは、関西の方が厳しく育ててもらえそうだから、「お前みたいなやんちゃ者は関西で修業をした方がいい」と言って、大阪や京都まで何度もお願いに出掛けて行ったそうなのだが、全て断られてしまったという。二郎さんの息子を受け入れるとなると、ちゃんと一人前にする責任が重すぎて、どこも嫌がったのだ。

そんなこんなで想像以上に大変だった禎一さんの修業先探しだったのだが、ようやく東京で引き受け先がみつかった。

働き始める前日のこと、禎一さんは、二郎さんに連れられて挨拶に行くことになった。禎一さんからしてみたら、自ら料理人になりたいと思ったのではなく、なんとなく流れに身を任せてこうなったのだ。「お任せします」と言った時から勿論覚悟は決めていただろうが、この時点で確固たる覚悟ができていたかといえば、それは甚だ疑わしい。

禎一さんにとっての小野二郎という人。それは、幼い頃からこれまで、家で気安く口をきくことすらできないくらい厳格な父。そして、料理人の世界でも恐れられる存在だった。そんな小野二郎が、「息子をよろしくお願いします」と言って、何度も何度も深々と頭を下げている——禎一さんは、その時の気持ちをこう話してくれた。

「親父さんが、何度も何度もペコペコ頭を下げて、お願いします、って言ってくれて……。そんな親父さんの姿を生まれて初めて見たんだよ。それを見た時、逃げ出したり、トラブルを起こしたりすることなんか絶対にできないって思った。そんなことをしたら親父さんの顔をつぶすことになるって。今でもねー、ほんと、この時の親父さんの姿が忘れられないんだよね……」

いよいよ禎一さんの料理人の道が始まる。自分のために何度も頭を下げる父親の姿を見たその日、禎一さんの腹は決まったのだ。

◉第2回取材のこぼれ話　「すきやばし次郎」でのお鮨の食べ方

禎一さんが運転好きなことを書かせてもらったが、弟さんも運転好きなのだそうだ。そして、せっかちなのはどうやら二郎さんゆずりらしい。

「親父さんはいつも、お前たちの運転はうまいな、って言うよ。高速道路なんかで前に車がいると嫌で、抜いて欲しいみたい（笑）。親父さんって横断歩道で信号待ちをしている時も、一番前で待ってないと気がすまないんだよ。さすがに最近は、もう歳なんだし、危ないから、一番前で待つのはやめてくださいって言ったんだけどね……」

禎一さんが教えくれた。

せっかちといえば、ひとつ誤解をしないで欲しいことがある。「すきやばし次郎」でお鮨を食べる時は、漆の板の上に握りが置かれたら、すぐに口に運ばなければならない。というか、そうした方がよい。これは勿論、そういう決まりがあるわけではないが、それが「すきやばし次郎」でお鮨を食べる時の流儀だと思っていた方がよい。

その理由は、二郎さんや禎一さんがせっかちだから、というわけでは決してなく、

「すきやばし次郎」のお鮨にはシャリの温度とネタの温度を一番美味しい状態で出すための計算された工夫があって、その目の前に置かれた一貫は、出された瞬間に完成するからだ。

つまり、時間が経つにつれ、どんどんベストな状態ではなくなるのだ。だから、出されたらすぐに口に運ぶ、これが美味しいお鮨をより美味しく食べるための流儀となるのである。

第3回　取材記録（2018年9月1日・土曜日）

3回目の取材日は、2018年9月1日だった。その日は主に、修業時代の5年間の話を中心に聞くことになっていたのだが、1回目、2回目と取材を進めていくうちに、その時、二郎さんはどんなことを考えていたのか、本人に確認したいという感情が生まれていた。

その日、禎一さんの取材が予定通り15時半頃に終わった帰り際のことだった。二郎さんはお店の出入口の傍にあるつくばいの近くのテーブル席に座って休憩していた。

そして、私と目が合うと、「お疲れ様でした」と声をかけてくれたので、私はすかさずお願いしてみた。「今日もお兄さんから面白いお話がたくさん聞けました。少しお父さんのお話もお聞きしていいですか？」

こうして、機会があればぜひ二郎さんに尋ねてみたいと思っていたいくつかのことを、二郎さんとテーブル越しに向かい合って座り、聞くことができた。

まず一つ目は、長男である禎一さんが物心ついた頃のこと、二郎さんの奥さんが結核を患い、実家のある静岡の病院に入院し、禎一さんは奥さんのお姉さんの家へ、2つ年下の弟、隆士さんは二郎さんのお兄さんの家に預けられ、2年以上も家族がバラバラで暮らしていた時のことである。その頃の二郎さんは、まだ自分の店を持つ前で、勤め先である鮨屋「与志乃」の東京と大阪の店を忙しく行ったり来たりしていた。

「お父さんの人生は、小さい時から本当に大変なことの連続で、やっと自分の家族を持って平穏に暮らせると思った矢先のこと、奥さんが結核になってしまい、家族がバラバラの生活を余儀なくされましたね。その頃はどんな気持ちで過ごしていましたか?」

「そうですねぇ、とにかくね、私の仕事が忙しかったでしょう、だからなかなか会いに行けないんですけどね、毎月、給料が出るとすぐにそれを持って、病院と、義姉さんの家と私の兄の家へ行きました。確か、そうですねぇ、そんなことが2年以上続いたと思います。そうやって毎月お金を置きに行って、帰りには、私の手元に残らないんですよ」

そう言いながら、二郎さんは指でゼロという仕草をし、何とも言えない優しい笑顔でニコニコと微笑んでいた。

「でもですね、その時は、大変だなーとは全然思っていなかったですよ。早くよくなるといいなーって、それだけでした」

私は二郎さんの言葉を聞きながら胸が一杯になり、思わず涙が溢れてしまった。二郎さんと話をするといつも思うのだが、その言葉は正直で、真っすぐで心に響く。そして、これは禎一さんの取材を始めてから気が付いたことだが、二郎さんのそういうところを禎一さんも受け継いでいる。二人とも、いつもどこかユーモアがある。根っこの部分の明るさといったものを強く感じる。


私は禎一さんの就職について、二郎さんはどう考えていたのかを尋ねてみた。

「あれはねぇ、何か他のことをやりたかったんだと思うんですよ。でも私が職人の道に行けと言ったんです。弟の方は幼い時から鮨屋になるって言ってたんですよ。でも禎《ヨシ》の方は、本当は他のことをやりたかったんだと思うんですよ、本当はね……」

「そうみたいですね。私もお兄さんがカーレーサーになりたかったと聞きました」

「そうでしょう、コレね……」

二郎さんは車を運転する仕草をして、続けた。

「そうですねー、時々、もしもその道に行っていたらどうなっていたかと私も思うことがあります。そう思うと、やりたいことをやらせてあげられなくて、少し気の毒だったかなーとも思います」

「でも、今こうして立派な鮨職人になられたわけですから、よかったんじゃないでしょうか」

「そうですか。本人はどう思っているでしょうかねぇ。長男でしょう、もしもその道に進んで、怪我でもして使いものにならなくなるかもしれないでしょう、そしたら、その後の人生、弟に面倒をみてもらうことになるかもしれない。それは兄として情けなくはないかって思ったんです。確か、そのことは禎が高校生の時に話をしたと思います。私は4歳くらいの時にはもう、自分が食べることも大変な状況にあったし、それを子供なりにわかっていました。そして7歳で奉公に出て、手に職をつけておけば大丈夫っていうのも自分が経験したからわかるんです。だからそういう道に進ませておきたかったんです」

やはりこれが、二郎さんの正直な気持ちだった。

「でもお父さん、思っていた以上にお兄さんの引き受け先を探すのが大変だったんでしょう?」

「そうなんですよ。どこにお願いしても駄目で、全部断ってくるんです」

「それは、お父さんが料理界でちょっと恐れられていたからですねぇ……」

「だって、全然こっちはそんなこと知らないもの。東京だけじゃなくて、大阪や京都にも何度もお願いに行ったんですよ。それでもなかなか決まりませんでした」

そう言いながら、二郎さんは微笑んでいた。

そして結局、禎一さんの修業先が決まったのは、高校を卒業して半年が経った頃だった。

料理人の道へ、長い旅のはじまり、はじまり。

「高校を卒業した年は1978年、昭和53年なので、その年の4月から修業が始まったのかと思ったら……」

「いや、その年の10月からだよ。結局、全然決まらなかったのよ。それで確か、9月の30日だったか、その前の日の29日だったか、とにかく、本当に直前に親父さんに親方になる人のところに連れて行かれて、翌日から働くことになったんだ。卒業して半年間は、都の職業訓練校に通っててね、母親が帳面の勉強をするのはいいってアドバイスをくれたのもあってさ。親父さんも、それはいいね、じゃあその間に行き先を探す、ってことになって……」

「そうだったんですね。じゃあ、なかなか決まらなかったけど、ある意味、勉強ができるいい時間だったのかもしれませんね」

「そうね、経理の勉強をしたんだけど、半年で珠算2級と簿記2級も取れたしね」

禎一さんはさらりとそう言ったのだけれど、半年で珠算2級と簿記2級を取るとは、相当集中して勉強したのだろうと想像がつく。

また、要所要所に出てくる小野家の母、つまり二郎さんの奥さんは、いつもいいタイミングで家族をよい方向へ行くように導いているように思う。しかもとてもさりげなく。毎日早朝から夜遅くまで店の仕事で忙しい二郎さんは、子育ては全て奥さんに任せきりだったとよく話す。そういう妻がいたからこそ、今の二郎さんがあり、禎一さんたち兄弟があるのだ。

それにしても禎一さん、高校時代の古武道の上達ぶりといい、半年間の勉強の成果といい、のめり込むと集中力を持続できる人なのだろう。

さて、禎一さんにとって、二郎さん以外のたった一人の親方、丸昌時《マルマサトキ》氏について触れておこう。丸氏は当時、42歳。二郎さんよりもひと回りほど若く、日本料理の料理人で、赤坂にあった割烹料理店「大友」の料理長を務めていた。

「すきやばし次郎」と「大友」の内装屋さんが同じだったことが接点となり、二人は出会った。
丸氏も二郎さんも、自分の人生にこの先そんなことが起こるとは、この頃全く想像もしていなかっただろうが、なんとこの二人、丸氏は２００２年、66歳の時に、二郎さんは２００５年、80歳の時に、「現代の名工」として国から表彰を受けている。
今にして思えば、丸氏は当時、日本料理界の若きエースだったのだ。難航した修業先探しであったが、結果的には禎一さんにとって、とてもいい出会いが訪れたのだった。

【現代の名工とは】

「卓越した技能者表彰制度」において、厚生労働大臣が表彰する「卓越した技能者」の通称。同制度は、工業技術や伝統工芸など各分野で優れた技術や業績を持つ技能者の地位や技術水準の向上を図るために、１９６７年に創設された。都道府県知事や事業者団体などが推薦した候補者を技能者表彰審査委員が審査し、厚生労働大臣が表彰者を決定する。毎年秋に約１５０人（95年度までは毎年約１００人）が選出され、表彰者には表彰状、卓越技能章（楯と徽章）、褒賞金10万円が贈られる。

「コトバンク（知恵蔵 mini の解説）」より

では、丸氏とはどのような人物だったのであろうか。

禎一さん曰く、「一言で言うと〝物静かな人〟」。口下手で余計なことは言わず、丁寧な仕事をする人だったらしい。「同じ仕事をするなら、丁寧にやれ」と丸氏に言われたのをよく覚えているという。


ちなみに禎一さんはそれまで、家で何度か目玉焼きを作ったことがあるくらいで、殆ど料理などしたことがなかった。ただ、小学校の家庭科の授業でキャベツの千切りがうまいと先生に褒められ（本人曰く、「やってみたらできた」のだそうだ）、家庭科の成績は5をもらったことがあった。そんな禎一さんではあったが……。

「初日はどんな気持ちでしたか？　やっと始まる！　やるぞ！　という感じでしたよね、きっと」

「いやいや、そんなことは全然なかった。今日から働くんだなー。ま、しょうがねぇなーという感じだったよ」

「そうですか。前日にお父さんからは何かアドバイスなどあったんですか？」

「何もないよ。だけど、何も言われてないけど、嫌で逃げてきても家に帰れねぇな、とは思ってたよ。そんなことしたら勘当されるってね。初日はね、行くとすぐに、焼き物にかけるポン酢を作るから橙の皮を剥けって言われて、そしたら一個目の橙の皮を剥きかけたところで指をグサッとね、切っちゃってさ……。今でも傷が残ってるんだけどね」

禎一さんはそう言いながら指をみせてくれたのだが、確かに親指の第一関節の近くにうっすらと傷跡があった。

「これ、結構血が出たんじゃないですか？」

「そうそう。そしたら、兄弟子の一人がばい菌が入らないようにって言って、傷口に塩と酢をかけるもんだから、痛ってーの、なんのって……。でも、絆創膏をぐるぐる巻きにして、ちゃんと最後までやったよ」

「傷口に塩と酢をかけるって、初日からいじめですか？」

「まぁ、その時は訳わかんなかったけど、こういうところの包丁はこんなに切れるんだ、って思い知った気がした」

「なるほど。修業中はいじめみたいなことはあったんですか？」

「皆が皆そうじゃないけど、そういうくだらないことをする奴って、やっぱりいるんだよね。初日じゃないけど、熱々の金串をあててきたり、洗い物をしてると熱い鍋をわざと触るところに置いてきたり……包丁の峰でひっぱたく先輩もいたよ」

「そんなことをされて、お兄さんの性格上、よく我慢できましたね……」

「何度も、ふざけんじゃねぇ！　ってぶん殴ってやろうかと思ったよ。でもその度に、親父さんが親方に頭を下げる姿が目に浮かんでさ……」

そう話す禎一さんの表情は、そんないじめや嫌がらせのことなど全然気にしてないよ、と言わんばかりに明るく、ケラケラと笑いを交えながらのものだった。


「で、初日が終わって家に帰った後、お父さんに何か聞かれなかったんですか？」

「そういえば珍しく親父さんに、どうだった？　って一言だけ声をかけられたなぁ……」

「で、何て言ったんですか？」

「訳わかんない間に終わっちゃいました、って言ったよ」

「訳わかんなくないでしょう、いきなり包丁で指切って、傷口に塩と酢をかけられたんですから」

「そんなことは言わないよ（笑）」

「そしたら、お父さんは何と？」

「そうか、そんなもんだ、ってそれだけ。親父さんは喧嘩でもしてねぇかと心配してたと思うんだよね」

腕を上げるチャンスが詰まったまかない作り。料理の復習は帰宅後の深夜に。

「大友」で過ごした約2年の間、後輩が入ることはなく、禎一さんは、一番下の仕事をこなしながら、料理の技術を身に付けていった。「大友」は夜のみの営業で、毎朝8時半に出勤。3人いた兄弟子は9時半~10時頃に出勤。親方は11時頃の出勤だった。前日のお客さんが多くて、前日の終電までに洗い物が終わらなかった場合は、翌日の朝早く来て、8時半までには洗い物を終わらせるようにした。

出勤すると、まず最初に大鍋に湯を沸かし、出汁をとる準備をしながら、ぬかみその漬物を漬けるのが新人の仕事だが、禎一さんは、このぬかみそがトラウマになった時期があるという。微妙な塩加減が大事なぬかみその漬物であるが、「大友」で働き始めて早々のある日、兄弟子に「塩加減を覚えるためにぬかを食え!」と言われ、漬けた野菜ではなくぬか自体を食べさせられたのだそうだ。禎一さんは、そのあまりのしょっぱさに、「ざけんなよ! てめぇが食ってみろ! こんなもん食えるか!」と暴れそうになったのだけれど、やはり二郎さんの顔が浮かび、ぐっと堪えたのだという。それからというもの、禎一さんはぬかみその漬物が食べられない時期があった。

禎一さんは、入って2週目からまかない作りを全て任された。まかないは1日3食。朝、昼、晩の全てを毎日作り続けた。そもそも料理をしたことすら殆どなかった禎一さんが今にして思うのは、まかない作りで学んだことは多く、その成功体験もあって、現在、自分の弟子たちにも「まかないは真面目に作れよ」とよく話すのだそうだ。

「1日3食のまかない作りってとても大変そうですが、作り方は教えてもらうんですか?」

「いや、何も教えてくれないよ。仕方ないから、最初のうちは『今日の献立』やら『今日の料理』とかいう本を2、3冊買って、それを頭に入れて出勤していたね」

「なるほど。どんなものを作るんですか?」

「まかないは、和洋中、何でもいいの。大友は1食100円で作るように決められていて、その日に余った材料や安い材料を使って作るんだけど、魚のあらが出るからあら煮とか味噌煮とかはよく作ったし、朝は雑炊やチャーハンなんかもよく作った。最初のうちは、美味しくできたりできなかったり、どうしても味が安定しなかった。まかない作りって本当に大事なんだよね……」

「というのは？」

「まかないを食べながら、親方が、ちょっと味が薄いぞ、濃いぞ、とか、火をもう少し入れた方がいいとか、入れない方がいいとかいうアドバイスをくれるし、今日の味付けはいいぞ、と言ってくれることもある。包丁の使い方もそうだし、料理の基本がそこで身に付くんだよね。まぁ、まかないは次へやり直しがきくから失敗してもいいんだけど、お客さんへ出すものはやり直しがきかないから、まかない作りは修業のひとつで一生懸命やらないといけないし、数をこなすというのも大事だと思う。これは、自分が経験してみて本当にわかったことだね」

料理人の道を目指すと決めた人の中には、専門学校へ行く人もいるだろう。禎一さん曰く、勿論それはそれでいい。しかし、専門学校へ行こうが行くまいが、最終的にはどれくらい数をこなしたか、ということの方が後に大切になってくるという。

禎一さんは、こんなエピソードも話してくれた。

それは、「大友」に入ってから半年くらい経った頃のこと、親方の丸氏がアキレス腱を切ってしまい、暫く休むことになった。そしてその間、助っ人の料理長がやって来た。

禎一さんは大根のかつら剥きをするように言われたのでとりかかると、そのあまりのうまさに「お前、何年目だ?」と聞かれ、「半年です」と答えると、「すげーなー、お前。半年でそこまできれいに大根のかつら剥きができる奴、初めてみた」と驚かれたというのだ。聞けば、休みの日には包丁の練習ばかりしていたらしい。

料理人の世界は、基本的には見て覚えることが鉄則である。教えてもらうということはなく、全てのことを見て覚えなければならない。禎一さんは、ほぼ毎日終電で帰り、帰宅後にレシピノートをまとめた。途中で疲れ果てて眠ってしまうこともあったけれど、できるだけその日のうちにノートにまとめることを心がけ、そのノートがどんどん増えていった。今となってはそのノートを見返すこともないのだけれど、捨てられずに持っているという。

「大友の場合は毎週献立を変えてたんだけど、季節毎に旬の食材も変わるし、最初の1年は全部が新しい料理だから、ノートに書いてはいるんだけど、正直、何やってるんだかわからないまま過ぎた感じだったよ」

「確かに、割烹料理だと種類もたくさんありますよね」

「そうだね。お通し、前菜、お造り、お吸い物、揚げ物、煮物でしょう、それが週替わりでいくわけだから相当な品目になる」

「ノートはどんなふうに書くんですか？」

「最初のうちは、本当に基本的なことから書いていったよ。例えば、魚の絵を描いて、さばき方なんかも書いた。一、うろこを取る。二、あたまを取る。三、はらわたを出す。四、三枚におろす、とかね……」

「そのノートがそのまま料理本になりそうですね。味付けはどんなふうに書くんですか？」

「細かい分量なんかは勿論わからないから、こんな味だった、ということをノートに書いておくの」

「実際のところ、味付けってどうやって覚えるんですか？」

「親方や兄弟子が作っているのを、自分は皿の準備や洗い物、下ごしらえをしながらチラッと見て、あー、隠し味はあれかー、とか思いつつ、あとは、鍋に残ったのをペロッとすくって味見して、実際に舌で覚えるしかないんだよ」

「料理人を描いたドラマのシーンみたいですね。調味料の分量は感覚で覚えるんですか？」

「親方たちが作るのを横目で見ながら、砂糖はパッ、醤油がじょぼじょぼ、酒はじょぼ、みたいな感じで覚えておく」

「パッ、じょぼじょぼ、じょぼ、ですか。面白いレシピですね（笑）」

「そんな感じよ。じょぼじょぼ、じょぼ、どっぷり、とかね（笑）」

料理人は、技術は勿論のこと、背中にも目がついているような目配り、気配りと鋭い感性が要求される厳しい世界であることがよくわかる。

修業中に辞めたいと思うことはなかったか、という質問に、禎一さんはこう答えた。

「正直、結構きつかったよね……。特に最初の2年はすごく長く感じた。それでも親父さんに愚痴は言わなかったよ。でも、母親には言ったことがある。結構厳しいよー、辛いなー、ってね」

「お母さんもきっと心配だったでしょうね」

「そうねぇ、そういえば、当時は今みたいにいい洗剤もないから手がすごく荒れて、手の皮がずる剥けになっちゃってるもんだから、母親が心配して、クリーム塗りな、これ効くからって言ってくれたなぁ。でも母親も、辞めてもいいんだよ、なんてことは絶対に言わなかった。お父さんが行けって言ったところだからねー、がんばんなって言われるだけだった」

「お父さんは、荒れてる手をみて何も言わなかったんですか?」

「親父さんは何も言わない。自分も経験したことだからあたり前と思ってるよね。それを通り越して一人前の料理人になるってわかってるからさ。辞めたいと思うことなんてしょっちゅうだったけど、辞めない、辞めることができないんだったら、やっぱり上を目指さないと、って考えていた。親父さんがこの世界に入った時の話をする時に、先輩たちを早く追い抜いてやろうって思ってたってよく言うんだけど、同じなんだよね。早くあの人ができることを自分もできるようになってやろう、っていつも思ってた。多分、周りからすると生意気だったんじゃないかな……」

つねに高みを目指し、そのための努力を惜しまない二郎さんのDNAを受け継いでいるのは間違いない。禎一さんは着々と準備を進めていた。

意外に早く訪れたひとつの転機と、二郎さんの教え。

それは、禎一さんの「大友」での勤務が2年を過ぎた頃のこと。丸氏と禎一さんに、同時に転機が訪れた。というのも、店のオーナーの意向で、「大友」が割烹料理からふぐの専門店へ業態を変えることになったのだ。オーナーからは、引き続き新しい店で働いて欲しいとの話があったが、丸氏は店を辞めることを決めていた。兄弟子の中には残る人もいたし、辞めて他の店へ行く人もいたのだけれど、禎一さんがそのことを二郎さんに話すと、二郎さんはすぐにこう言ったという。

「お前は、親方について行け。あの親方は素晴らしい料理人だから。あの人の下で修業を続けなさい」

二郎さんは、禎一さんが「大友」に入ってからも、盆暮れには必ず菓子折を持って店に挨拶に訪れていた。ちなみにそれは禎一さんの修業中ずっと続き、禎一さんが修業を終えて「すきやばし次郎」に入ってからは、禎一さんが必ず盆暮れに丸氏のところへ菓子折を持って挨拶に行く、丸氏も盆暮れには「すきやばし次郎」を訪れる、という関係が続いた。

禎一さんは、二郎さんの教えについて話してくれた。

「親父さんにね、お前の親方は丸さんたった一人だけなんだから、親方に感謝して、盆暮れの挨拶は必ず行くように、って最初に言われたんだよ」

「わかる気がします。お父さんってそういう人ですよね……」

「そうだね。親方はもう亡くなってしまったんだけど、病気をして店に来られなくなってからは、亡くなる直前まで、月に1回は病院にお見舞いに行ってたなー」

お見舞いに行く度に、丸氏も奥さんもとても喜んでくれたという。もしかしたら他にそのような弟子はいなかったのかもしれない。気持ちはあっても、なかなかできることではないだろう。

こうした二郎さんの教えもあって、禎一さんは親方と一緒に店を変わることにしたのだった。新しい職場は「市ヶ谷倶楽部」といって、新宿区にあり、北海道拓殖銀行の厚生施設だった。

そこは、これまでのこぢんまりとした割烹料理屋の雰囲気とは違い、時には100名の大宴会を5人の料理人でこなすなど、厨房はまるで戦場と化すこともしばしばだったという。禎一さんの手には包丁だこがあるのだが、その包丁だこもこの頃にできたらしい。

これは後の話だが、この時一緒に働いていた兄弟子の一人が、後に某ホテルの料理長を務め、多くの料理人の上に立つ立場になったのだが、その兄弟子と再会した際、「あの頃のお前は本当によく働いてたと思うよ。お前みたいによく働く奴は一人もおらんよ」と言われたそうで、禎一さんは嬉しかったそうだ。

「市ヶ谷倶楽部」は初めのうち、丸氏と禎一さんの二人だけしか働き手がおらず、できないなどと言っている場合ではないので、自然に禎一さんの仕事の幅が広がったという。料理は懐石料理で、全11品出すのだが、お造り、焼き物、揚げ物など、「大友」の時には兄弟子たちが作っていた料理を禎一さんが一手に任されることになった。というか、人がいないのでやらざるを得なかったという方が正しいのかもしれない。

しかし、禎一さんは、それをうまくさばくことができたことで、とても自信がついたという。

「いきなりそんな状況になるとは大変でしたね。でも、うまくいったのは、毎日ノートを書いたり、先輩たちの仕事を目で盗んだりしつつ、家で練習していた成果ですよね、きっと」

「がむしゃらだったよね（笑）。だけど、後から自分より上に人が入ってきた時も、同じように全部できるようになっていたから、結果的に自分にとってはよかったと思うよ」

「いろいろできるようになって、家でお父さんやお母さんに料理を食べてもらうようなことはなかったんですか？」

「この頃になると、たまにね、あったよ。野菜の煮物とか炒め物とか、魚を煮たり、まぁ、いろいろだね……」

「お父さんに、美味しいね、って言ってもらえましたか？」

「そうねぇ、いい味してるって言ってくれてたけど……」

「嬉しかったでしょう?」

「んー、まぁね……」

どうやらこの時の禎一さんは、嬉しいといえば嬉しいのだが、自分としてはあたり前、くらいの感じだったようで、二郎さんに味付けのことで褒められて、本当に嬉しかった時のエピソードを次のように話してくれた。

「親父さんに言われて本当に嬉しかったというか、丸さんのところで修業してよかったーって思ったのは、次郎で働くようになって、あなごのツメを任された時だよね。それは、俺の中ではちょっとした事件だったかもしれない……」

「何があったんですか?」

「鮨屋では、あなごのツメを作ったり、かんぴょうを煮たりするんだけど、それを兄弟子が何度作ってもなかなか親父さんがいいっていう味にできなくて、その度に何度もやり直すんだよね。で、それでもまたできないと親父さんに怒られる、っていうのを繰り返してて……。で、ある日、親父さんに、お前、作ってみろって言われて……」

「それはめちゃくちゃ緊張しますね」

「そうね、その時はすごく緊張したんだけど、実際に作って、親父さんに味見してもらったら、一発でOKがでたんだよ」

「すごいじゃないですか！」

「お前の味でいいよ、今度からお前が作れ、って言われたんだけど、自分がいいと思った味が親父さんの好きな味だったんだろうね。その時は本当に嬉しかった。基本ができていたのは丸さんのおかげだからね、本当に感謝だね」

禎一さんの話を聞いていると、「人生の転機」ということについて改めて考えさせられる。多分どんな人にも人生の転機はあり、その言葉通り、そこから自分の人生が良くも悪くも大きく変わることになるのだが、人はそれをどれくらい意識して生きているのだろうか？　随分後になって、「あれが人生の転機だったな」と思うことはあっても、その時、その瞬間は、ただバタバタと時間が通り過ぎて行ってしまっただけのような気がしてならない。そして振り返って思うのだ、あれが人生の転機であったと。

しかし禎一さんは、人からもらった嬉しい言葉、そして、時に心ない言葉も「人生の転機」、しかも人生を好転させるきっかけとして心に刻み、生きるエネルギーに変えている気がしてならない。

禎一さんは言う。「職人の仕事は、基本的には毎日同じことの繰り返し。でも、ただ繰り返してるだけじゃダメなんだよ。いつもと同じことだからこそ常に考えながらやらないといけない。また、毎日の忙しさに負けて考えることを止めたらダメ。もし考えることを止めたら、職人としての成長も終わる。考えることがすごく大事なんだよ」

忘れない、忘れられない親方の言葉。

こうして、修業先での時間は毎日が目まぐるしく過ぎて行った。そして、二郎さんが丸氏のところへお願いに行ったあの日から、約4年半が経とうとしていたある日、二郎さんは禎一さんにこう言った。

「引き取りに行くからな」

ついに、その時がやって来たのだ。その頃、「すきやばし次郎」は忙しく、人手が足りなかった。5年くらいで禎一さんを戻そうと思っていた二郎さんは、このあたりがいいタイミングだと思ったのだ。

しかし、その頃の禎一さんは、親方の次の二番手になったばかりで、ようやく全体のコントロールができるようになり、割烹料理をこのまま極めたいとも思っていたくらいだった。諦めきれない禎一さんは、ある策に出た。親方の丸氏に「親父が引き取りに来るって言ってるんですけど、まだここで働きたいんで、親父を説得してください。お願いします」と頼み込んだのだ。しかし勿論、親方の答えは「ノー」だった。

二郎さんが丸氏のところへ引き取りの挨拶に出向いた日、二郎さんと丸氏は二人だけで話をし、その場所に禎一さんが同席することはなかった。だから、禎一さんはその時の話の内容は知らないのだが、二郎さんが帰った後、丸氏に「親父のところに帰れ。基本は教えたので大丈夫です、と言っておいた」と言われたそうだ。

親方の丸氏はとても物静かな人であったというが、弟子を褒めて育てるというタイプの人ではなかったらしい。そういうところで5年近くも修業を続けるのは相当な精神力がいりそうだが、禎一さんは違うらしい。

「修業中、親方に褒められることはなかったんですか?」

「ないない」

「じゃあ、できている、できていない、っていう判断は、自分でどうやってするんですか?」

「そうねぇ、例えば、鍋に吸い物の出汁を作る。親方に味見をしてもらう、親方は何も言わない。それが、褒められた、ということだよ」

「それが? じゃあ、ダメな場合は?」

「ダメな場合は、鍋、置いとけ、と言われて、親方が味を付けなおす。そして、お客さんに出した後、弟子は鍋に残ったのをペロッと味見して味を覚えておく。丸さんだけじゃないよ、親父さんだって全然褒めなかった。俺なんてずーっと、ダメだ、ダメだ、って言われ続けてたもの。弟はね、時々褒められてた。でも俺はずーっと、お前はダメだ、ダメだ、って言われ続けてたよ……」

禎一さんと丸氏は、修業が終わる最後の日までそんな師匠と弟子のままであったが、店を出てから20年以上が過ぎたある日、今でも忘れられない言葉をかけてもらったという。

それは、丸氏が入院している千葉の病院へお見舞いに行った日のことだった。帰り際に、ぽつんと「お前は来た時からセンスがよかった。だから伸びると思っていたよ」と言われたのだ。

病室を出ると禎一さんの目から涙が溢れだした。病室から駐車場まで歩く足元が涙でみえなくなるほど泣いた。涙が止まらなかった。

そしてそれが、月に一度行っていた親方のお見舞いの最後の日となった。

それでも実際には決まっていなかった覚悟。本当に覚悟が決まった〝あの日〟のこと。

2回目までの取材では、ここに書ききれていない余白の話として、遊びの部分も多くあった。それは映画の話であったり、音楽の話であったり、若者らしい、人生の余白の大切な時間についての話だ。

しかし今回の取材では、そういった人生の余白の話が出ることはなく、終始、仕事にまつわる内容であった。思えばそれは、その時代の禎一さんに、余白や余裕などという時間が全くなかったからなのだ。

さすがに5年近くの修業を終え、「すきやばし次郎」に入るにあたり、少なくとも鮨職人の道へ進むことへの覚悟は決まっていたのだろうと想像していたが、意外にそうではなかったらしい。

「すきやばし次郎に入ったのが23歳か。若いといえば若いけど、その頃はもう、やるしかないって感じでしたよね？」

「そんなことないよ。まだまだ、仕方ねぇーなーって気持ちだった」

「そうなんですか……。実際、お父さんの下で働いて、どれくらい経ってから、本当の意味で腹が決まったんですか？」

「40歳の時」

「え？　40歳まで腹が決まってなかったんですか？　40歳の時に何があったんですか？」

「それはね……」

そして、40歳の時に起こったひとつの出来事について話をしてくれた。


その頃の日本は空前のグルメブームが到来しており、テレビ番組「料理の鉄人」（1993〜1999年）は、23時からの放送にもかかわらず、平均視聴率が20％を超えていたというから驚きだ。料理人が表

に出るということがあまりなかった時代から、どんな人が作っているのかということに誰もが興味を持つ時代がやってきていた。

そんな日本に、当時、世界ナンバー1と言われていたシェフ、フェラン・アドリア氏がテレビの特別番組の収録で来日した。東京にある様々なジャンルの料理店約30店を、フェラン・アドリア氏が巡って評価するという内容は、グルメファン必見と言っていい番組企画であった。

そのフェラン・アドリア氏が、「すきやばし次郎」にやってきたのだ。しかしそれは、テレビ番組の撮影でではなく、プライベートであった。プライベートなので、当然カメラも入っていない。そしてその時、運がいいのか悪いのか、たまたま二郎さんは用事があって店に出ておらず、禎一さんと、弟の隆士さん、青空《はるたか》さん（現在は独立し、『ミシュラン東京2019』にて二ツ星を獲得）の3人で対応した。

フェラン・アドリア氏は、日本での全ての撮影を終え、最後に「どこが一番よかった？」との質問に対し、「すきやばし次郎」と答えたが、撮影していない店なのでテレビ局の人が困り果てたという。

この話は後日、雑誌「dancyu」の編集長と焼き鳥店「バードランド」のオーナーが教えてくれたそうなのだが、「すきやばし次郎は層が厚く、倅がやっても世界ナンバー1をうならせる鮨を出すって言われてるよ」と言われ、禎一さんはその時に初めて腹が決まった。「これから何か新しいことを始めても、一人前になるのに10年はかかるだろう。俺にはこれしかない」と思い、少し視野が広がったという。いろいろな料理を他の店へ食べに行くようになったのも、この頃からなのだそうだ。

料理人の世界は決して一足飛びにはいかない。孔子の「四十にして惑わず」はあまりにも有名な言葉であるが、まさにその言葉通り、40歳になって自分の生き方に迷いがなくなったということなのだろうか。それでいくと、「五十にして天命を知る」ことになるのだろうか。

この先の禎一さんの話がとても楽しみになってきた。

◉第3回取材のこぼれ話①　二郎さんの子育て、職人育て

この章の初めに、私はこの日、禎一さんの取材が終わった後、二郎さんとお話をする時間があったことを書いた。実はこの話には続きがある。というのも、二郎さんの、禎一さんと弟の隆士さんに対する仕事中の言葉のかけ方に随分違いがあったことを禎一さんに聞いたからだ。私は二郎さんの真意を確かめたかった。

禎一さんの言葉を借りると、こうだ。

「親父さんには、お前はダメだ、ダメだと毎日言われていた。馬鹿野郎！　って毎日言われて……弟の方がいいなって言ってたよ。まぁ、今思うとね、それくらい厳しくしてくれてよかったと思う。多分ね、俺は木に登るタイプだから戒めで言ってくれてたんだと思うよ」

本当にそうなのだろうか？　私はこの言葉を借りて、そのまま二郎さんに聞いてみた。するとこ二郎さんはこう言った。

「そうするとね、競争するでしょう、二人が。二人が競争すればどっちもよくなるで

しょう」

「さすがお父さん、策士ですねぇ。お兄さんは褒めると木に登るタイプで、弟さんは褒めると益々がんばるタイプだと知ってのことだったんですね？」

「まぁ、そういうことはあるでしょうね……」

そう言いながら二郎さんは微笑んでいた。禎一さんはその気持ちをきちんと受け止めていたのだ。俺はダメだと腐ってしまえば、そこまでの人で終わっていたかもしれない。

二郎さんはこう続けた。

「今ですね、こうして二人が同じように仕事ができるようになって、任せられるようになって、よかったと思っています。どっちも同じですよ」

この「どっちも同じですよ」という言葉が、二郎さんの息子二人に対する本当の思いなのだろう。

親というのはいくつになっても子供のことが心配であるとはいうが、93歳になった二郎さんが、これまでの人生で一番心配したことについて話をしてくれた。

「隆士がね、首を痛めたでしょう、その時は本当に心配しました。どの先生に診てもらっても、手術はできませんって言われましてね。もうだめかなー、六本木の店もどうするかなーって思って……。私は、わりに布団に入るとすぐに眠れる方なんですけど、その時は、仕事をしている時はまだ忘れていられるんですが、布団に入ると心配で、あれこれ考えると眠れなかったですよ」

「治って、本当によかったですね……」

「手術をやってくれるって先生がやっとみつかったんですが、まぁ、それでも、車椅子生活になるかもしれないからその覚悟はしておいてくださいってことだったでしょう、成功して本当によかったですよ」

次男の隆士さんが手術をしたのは、そう前の話ではない。六本木の店を始めた後の話である。仕事も忙しく、学生時代にスキーで痛めた古傷も影響したのか、年月を経て、首の神経が圧迫され、隆士さんは立っていることもできないくらいの状況だったのだそうだ。病院をまわり、何人もの先生に診てもらったのだが手術はできないと言われ、やっと手術をやってみましょうという先生に出会えたのは幸運だったが、それでも一か八かの状況の中での手術だったという。

聞くともなく出てきたそんな話であったが、二郎さんの人生こそ、自分のことだけでも心配事や苦しいことの連続であったのに、人生において一番心配したことが我が子のことだったのかと思うと、親とは本当に有難いものだ。

◉第3回取材のこぼれ話② ジョエル・ロブション氏と二郎さん

8月4日に2回目の取材を終えてから数日後、思いがけないニュースがインターネットで流れた。それは、8月6日の19時頃だったと思う。世界的に有名なフランスのシェフ、ジョエル・ロブション氏が亡くなられたというニュースだった。

第1回の取材記録でも少し触れたが、ジョエル・ロブション氏は二郎さんや禎一さんととても親しく、「すきやばし次郎」のお鮨が大好きで、来日した際にはよく訪れ、自分が座る席を「天国に一番近い席」と言っていた。73歳という若い死だった。私は二郎さんとの歳の差が20歳もあったのだということを改めて知り、まだまだやり残したことが沢山あっただろうし、もっと幾度となく「すきやばし次郎」を訪れたかったことだろうと想像した。

私はニュースをみてすぐに禎一さんへLINEを送った。余計なこととは知りながら、もしかしたら二郎さんがとても寂しがるような気がして、「できれば、お父さんには伝えたくないですね……」などの言葉を添えた。禎一さんは仕事中だったので、返事が来たのは閉店後であったが、やはり、各方面から禎一さんへ知らせが入っていた。

どのタイミングで二郎さんがジョエル・ロブション氏の訃報を知ったのか私は知らないが、たまたま3回目の取材に行った9月1日、二郎さんは朝日新聞と読売新聞から取材を受けていた。内容は、「ジョエル・ロブション氏との思い出について」ということだった。

二郎さんはどんな話をしたのだろうか……。後日記事になったらぜひ読んでみたいと思いながら、私はジョエル・ロブション氏のご冥福をお祈りした。

来月、10月27日に二郎さんは満93歳の誕生日を迎える。私は二郎さんの誕生日に毎年手紙を書く。できることならば、それがこの先もずっと続きますように、と願っている。

第4回　取材記録（２０１８年9月22日・土曜日）

４回目の取材日は、２０１８年9月22日だった。これまでの3回は月1回のペースで進めてきた。その流れでいくと、４回目は10月の初頭くらいに予定を組むつもりだったのだが、10月7日から４日間で築地市場の豊洲への引っ越しが予定されていることもあり、何かトラブルが起こるかもしれないため、９月のうちに4回目の取材をやりましょうということになったのだ。

築地市場の移転に関しては、昨年末に、今年（２０１８年）の10月11日に豊洲が開場することが決定したというニュースを最後に、テレビでも殆どその話題を耳にすることがなくなったと感じているのは私だけではないだろう。移転が決まったということは、全ての問題が解決され、準備が整ったのだと信じたい。移転に関わる全ての人たちにとっては、ここからが本番なのだ。

築地市場の歴史は、1923年9月1日に起きた関東大震災をきっかけに始まる。地震により日本橋周辺の魚河岸が壊滅し、明治以来、揉め続けた市場移転問題が動き出し、築地に移転することになったのだ。このことは、東京の歴史において大きな出来事として現代に語り継がれている。

市場では毎日、消費者が食材を一番良い状態で、より美味しく食するために、多くの人が関わり、多くの人が朝早くから働いている。そして今、移転という歴史に残る大仕事を控え、万全の準備をしようと皆頑張っている。

禎一さんはこの日、その大変な現場の様子を熱く語っていた。鮨屋にとって、仕入れはまさに肝。毎朝通う市場に対して並々ならぬ思いがあるのだ。

移転作業はまる4日間かけて行なわれる予定だというが、禎一さんの話を聞く限り、本当に4日間で終わるのか、懸念材料がたくさんあるらしい。あの広大な敷地の築地市場が一気に引っ越しをするのだ。誰が考えても予測不能なトラブルが起こりそうな気がする。

仮に引っ越しがうまくいったとしても、引っ越し明けの商いが本当にスムーズにいくのだろうか？　少なくとも、慣れるまでは市場内の動線ひとつをとってみても大変だろう。話を聞いていると、いろいろなことがまだ決まっていないようだった。

さて、取材の方は、今回からいよいよ禎一さんの「すきやばし次郎」での仕事が始まる。つまりそれは、二郎さんとの仕事が始まるということだ。それは禎一さん23歳の春。禎一さんは来年（２０１９年）の7月に還暦を迎えるので、考えてみれば、もう36年も二郎さんと一緒に仕事をしていることになる。

禎一さんは、職人としては言うまでもなく、家族としても二郎さんと一緒にいる時間が一番長い。父親の仕事を継承する日本人は多くいるが、これだけ長い期間、同じ場所で同じ仕事をしている父と息子は、おそらくそうはいないだろう。

禎一さんが、料理の世界、職人の世界に入って40年。とても長い時間が流れた。今や、禎一さん自身がベテランの鮨職人だ。会社員であればそろそろ定年という言葉が聞こえてきてもおかしくない歳であるが、93歳の父親が自分の横で現役の鮨職人としてバリバリ働いている禎一さんにとって、先はまだまだ長いに違いない。

「自分はもうすぐ60だけど、まだまだこれからだよ。親父さんの歳までこれから30年以上もあるんだからね」と、その表情はいつもとても清々しい。

五十路を過ぎた頃からようやく自分の仕事に自信がついてきたという禎一さん。もしかしたら、鮨職人として、今、とても脂がのっている状態なのかもしれない。勿論、今そんなふうに禎一さんが充実した仕事をしていられるのは、日々のコツコツとした積み重ねがあってこそに違いない。しかし話を聞いていると、40歳頃までは、禎一さんの本気スイッチはまだ入っていなかったらしい。そんな話を聞くと、なぜか不思議と自分もこれからだと思えてきた。

今回の禎一さんの話の中には、仕事をする全ての人たちにとって、自分の道を切り開く力を身に付けるためのヒントがたくさんちりばめられているような気がしている。

「すきやばし次郎」での新しいスタート。他者を認める心が自分を成長させる。

「お兄さん、今回のインタビューからいよいよ次郎での仕事の話になります。初日を迎えるにあたって、何かお父さんから言われたことがありましたか？」

「特に何もなかったと思うなぁ。親父さんは基本、何も言わないからね。肝心な時にびしっと一言、って感じで……」

「では、お兄さんとしてはどんな気持ちでしたか？　初日は結構緊張したんじゃないですか？」

「緊張はしないよ。だってまだそんなにやる気なかったから。仕方ねぇなーって感じだった」

「大友さんの時は、本当にずぶの素人だったわけですが、今回は少なくとも5年くらいは経験を積んできてますからね。その辺はまだ少し気が楽だったかもしれませんね」

「確かにね、包丁はできた。でもね、これは次郎に入ってから思い知らされたんだけど、やっぱり、鮨と割烹料理では違うところも多くてね。初日から兄弟子に怒鳴られちゃったんだよ」

怒鳴られた原因は〝コハダの塩ふり〟にあった。コハダといえば、江戸前鮨には欠かせないネタであるが、「すきやばし次郎」のコハダは酢の締め具合が本当に絶妙で、他店とはひと味もふた味も違う。そのコハダの下処理をしている時だった。

いわゆる水洗い、うろこを取り、頭を取り、はらわたを取り、おろすところまでは、禎一さんにもできた。そして、開いたコハダをきれいに並べたところで、兄弟子が塩をふるよう禎一さんに指示を出した（指示を出した兄弟子は、後に独立し、ミシュラン三ツ星の評価を受けた水谷八郎氏。「鮨水谷」は2016年に惜しまれながら閉店した）。

禎一さんにとっては初めてのことだったが、塩の量については何も言われなかったので、これまで割烹料理で幾度となくやってきた、適度な塩ふりをしたつもりだった。

「こんなもん、塩ふったうちにはいるかー！　って怒鳴られてね……。こっちはこれまで修業先でやってきたアジの塩ふりくらいの量でいいんだろうって思ってやったんだけど、それじゃあ鮨ネタのコハダの下準備には塩の量が全然少なかったんだよ」

「そういうことですか。でも、初日でしょう？　兄弟子がやってるのを見て盗むタイミングなんてまだなかったわけですよねぇ。わかるわけないじゃないですか」

「まぁ、そうだよねぇ。ホントの俺なら、何だ、てめぇこの野郎！　そんなもん、まだ見てもいねぇのにわかるか！　って怒鳴り返すところだよね（笑）」

「そうですよね（笑）。で、どうしたんですか？」

「まぁ、ぐっと堪えて、また一から始めていくしかないよね。仕方ねぇよ、親父さんに迷惑かけちゃいけねぇなって思うからさ」

まさに〝初日の洗礼〟だった。「大友」の時もそうであったが、こういうことは、料理人の修業ではあたり前のことだった。少々理不尽かもしれないが、時代の違いということもあるだろう。

ちなみに現在、「すきやばし次郎」における弟子たちの修業は、禎一さんの時代のように「見て盗む」というスタイルではなく、「教えてもらう」というスタイルで進められている。教えないと仕事が捗らないからという理由もあるらしい。しかし、スタイルは変わっても、人には仕事を通して経験する悔しさや痛みというものが必ずあり、そこから逃げずに乗り越えた先に、他人が経験できないような喜びが待っているんだと禎一さんは話していた。


二郎さんはこれまで、テレビや新聞、雑誌などの取材で、二人の息子を鮨職人に育てた「教育論」について聞かれる度に、他の弟子たちよりも厳しく接したと答えている。それくらいでちょうど他の弟子たちとのバランスがよくなるのだと。

しかしそんな父の思いは、後になって知ることはあっても、下積みの真っただ中にいる若い息子にはとても理解し難いものだろう。特に禎一さんは、毎日のように「お前はダメだ、ダメだ」と二郎さんに言われ続けていたというから、なおさらだ。

ただ、禎一さんは修業時代から料理人の世界というのは縦の世界であるということを重々承知していたので、「すきやばし次郎」に入っても、自分は店主の息子だという傲りはなかったそうだ。

さて、料理人として振り出しに戻った感が否めない「すきやばし次郎」でのスタートであったが、禎一さんはそこからどのように自分を成長させていったのか。

「鮨の世界に入って、また一から、どんなふうにして仕事を覚えていったんですか?」

「それは割烹での修業と同じだよ。見て覚える。それからもうひとつ大事なことがあってね、人のやることだから、経験だけじゃなくて、どうしても得手不得手というのがあるんだよね。例えば、魚をさばくということひとつとってみても、同じようにやってるんだけど、この先輩よりもあの先輩の方がきれいにできる、とかいうのが必ずある。そのね、一番うまい先輩の仕事を見て真似するように練習するんだよ。魚をさばくのはあの先輩がうまいからあの先輩のように、味付けはあの先輩、シャリきりはあの先輩、というふうにして、全部一番うまい先輩の技術を早く習得するように真似するっていうのかな……。それは5年間の修業時代に気付いたことだね」

「なるほど。そんなことを考えながら仕事してるなんて、仕方ねぇなって思ってこの世界に入ったとは信じられないくらい前向きですね」

「まぁ、根が負けず嫌いっていうのもあるかもしれないね。そういうところは親父さんの修業時代と同じだよね。あの人よりうまくなりたい、あの先輩を追い抜いてやるって、いつも上を目指してたって親父さんも言ってるから」

小野家の男たち、つまり二郎さん、禎一さん、隆士さんの共通点――それは、自他ともに認める「負けず嫌い」という気質である。しかし、その裏にあるものは「他者を認める心」なのだ。自分よりうまいと他者を認め、そこに挑む。そして、その結果として自分が磨かれていく。

一流の職人になるために、この「負けず嫌い」という気質はなくてはならないものに違いない。しかし、これがひとたび家族、そして兄弟となると、とても厄介なもので、この時期の禎一さんと隆士さんの関係はとてもギクシャクしていたらしい。

共に働く弟について、父について、当時感じていたこと。

弟の隆士さんは禎一さんの2歳下で、高校を卒業するとすぐに「すきやばし次郎」で働き始めた。つまり、鮨の世界では禎一さんより3年先輩ということになる。

私はこれまで仲の良い兄弟のエピソードしか聞いてこなかったので、兄弟揃って働くようになっても、当然のことながらお互いに励まし合い、切磋琢磨してここまでやってきたという美談を心のどこかで期待していたところがあった。

　が、職人の世界というのはそう甘くはなかった。


「当時、お店にはお父さん以外に何人の人が働いていたんですか？」

「高島屋店も入れると6人。朝の仕込みは、高島屋店の分もみんなで一緒に銀座でやってたんだよ」

「そうなんですか。その中に弟さんもいらっしゃったんですよね？」

「そう、いたよ。俺が一番下のペーペーで、水谷が一番上の兄弟子で、その下に二人いて、次が弟、弟と俺の間にもう一人弟子がいた」

「上下関係がきっちりしてますね。そこは兄弟は関係なく、経験年数なんですね？」

「そういうことだね」

「自分より上に弟がいるとなると、兄としてはちょっと微妙な気持ちもありそうですが、どうでしたか？」

「んー、まぁ、俺はあんまり気にしてなかったけど、弟の方がすごく意識してたよ、先輩風を吹かすっていうのかな。例えば、シャリきりをやってる傍から、そうじゃねーよ！

って言われることもあったし……。弟は俺以上に負けず嫌いだから、多分、追いつかれちゃいけないっていう気持ちも強かったんだと思うよ」

「やってる傍から、そうじゃねーよ！ ですか。それはちょっとムカつくかも……」

「そうねー。だけど、仕方ないよね。客観的にみても弟は弟子の中でも出来がよくて、手慣れてるなーという感じだったし、何をやらせても早くてきれいだった。それと、それは今もそうなんだけど、ものの考え方とか、物事のもっていき方とかも親父さんによく似てるんだよね。本人曰く、元からそうじゃなくて、親父さんの話し方や仕事のやり方を見て真似するようになったって、だいぶ歳とってから言ってたけど……。まぁ、その頃は若いから、負けず嫌いっていうのが前面に出てた感じかな」

「今だから弟さんの気持ちが理解できるけど、その頃はお兄さんも若いですし、そうじゃねーよ！ って弟さんに言われて腹が立ったんじゃないですか？」

「そりゃあそうよ。ぐっと堪えてるけど、腹ん中じゃあ、くそぉ！ 絶対追いついてやるー！ って思ってた」

「結構苦しい立ち位置でしたね」

「まぁね。でも仕方ねぇよ。そういう世界だということは、入った時から理解してたからね」

「で、どれくらいで弟さんに追いついたんですか?」

「んー、そうね、7、8年経った頃かなぁ」

「えー、そんなに先ですか?」

「そりゃあ、そうよ。相手も成長してるんだから、なかなか追いつかないよね。3年の差は大きいよ。弟は器用ですばしっこい上に、相当な負けず嫌いなんだから」


この頃の二人は、必要なこと以外は殆ど口をきくこともなかった。

救いといえば、とにかく仕事以外のことを考える時間など皆無だったということだろう。当時、弟子は、二郎さんと市場へ行く日は朝6時に銀座の店に入り、そこから二郎さんと自転車で築地市場へ向かい、仕入れをし、店に戻って朝の仕込み、昼の営業、夜の仕込み、夜の営業。仕事が終わり、店の後片付けを済ませ、帰宅するのは夜の11時頃。市場へ行かない日も朝7時半から仕込みが始まるので、とにかく毎日、早朝から夜遅くまで慌ただしく時間が過ぎていった。

当時、朝の仕込みは高島屋店のメンバーも一緒に銀座店で行なっていたのだが、隆士さんが働く高島屋店の休みが水曜日で、禎一さんの働く銀座店の休みは日曜日だったこともあり、休みの日に二人が家で顔を合わせることも殆どなかったという。

この頃の、隆士さんの兄に対する思いはどうだったのか、ぜひ本人に尋ねてみたいと禎一さんにお願いすると、「いいよ、聞いてみたら?」ということだった。私は今、この本を書き上げるタイミングで隆士さんにもインタビューをしようと考えている。

考えてみると、このように早朝から夜遅くまで忙しく働く毎日というのは、禎一さんや隆士さんにとっては現在も続く、日常のことだ。二郎さんが毎朝市場へ仕入れに行っていたように、現在、禎一さんは毎朝5時半に家を出て市場へと向かう。このことひとつをとってみても、料理人の世界というのは、気力、体力、努力の三拍子が揃っていないと続かない世界なのだろうなぁとつくづく感じる。

さて、この頃の父と息子、禎一さんと二郎さんの関係はどうだったのだろうか。

3回目の取材の際、こぼれ話の中で、二郎さんは息子二人の性格の違いをよくよく知っての上で、あえて禎一さんには特に厳しく接していたという話をしていたが……。

「親父さんともできるだけ家で会わないようにしてたよ。まぁ、親父さんは親父さんで、休みの日は山登りに出掛けたり、友達との約束があったりして忙しかったから、殆ど家にじっとしているということがなかったし、もし居ても、俺は俺で好きな車をいじったり、ドライブに行ったりして、休みの日はできるだけ家にいないようにして気分転換してたなぁ」

「やっぱり気分転換は必要ですよね」

「そうだね。俺はたまたま車が好きだったからそれが車だったんだけど、何でもいいんだよ、自分がうまく気分転換できる方法を知っていることも大事だと思うよ。じゃないと、仕事って基本的に苦しいことばかりだもの。何か楽しみがないとね、なかなかねぇ」

「そうですよね。話を聞いていると、お兄さんに車という楽しみがあって本当によかったなぁと、私でさえ思えてきますよ」

「親父さんも山に行ったり、スキーに行ったりしてうまく気分転換してたんだと思うよ。俺らは店の小僧だけど、親父さんは職人というだけでなく、店の主として経営のことも考えないといけないわけだから、もっと大変だよね」

「確かにそうですよね。家で仕事の話をすることはなかったんですか？」

「全くなかったね。親父さんは仕事と家を分ける感じだった。言いたいこともあったかもしれないけど、息子たちの気持ちを考えて、あえてそうしていたのかもしれないいな」

「今はよく二人で話をされていますよね」

「今はそうだね。よく話すし、仕事のことを相談されるようにもなった。でもそれも、俺が50歳頃からだよ。とにかく、俺は褒められることはずっとなかった」

「例えば、お兄さんが作ったまかないも褒めないんですか？」

「まかないね、そうだよね。俺、次郎に入った時からまかないは上手に作れたんだよ。だけどねぇ、俺だけは褒められなかったなぁ」

「他の弟子のことは褒めるんですか？」

「そう。親父さんはまかないが美味しいと、いい味だね、これ作ったの誰だ？って聞くんだよね。それで、俺以外の小僧だと、そいつを褒めるのよ。よくできてるよって」

「で、それがお兄さんだと？」

「お前か。で終わり。なーんだ、お前かって感じだった」


禎一さんは、二郎さんと一緒に仕事をするようになって、二郎さんの味覚の鋭さに改めて驚いたという。93歳になった現在もそうなのだが、味を感じるスピードが本当に速く、食べ物を口に入れ、ひと噛みふた噛みしたところで、甘い、しょっぱい、美味しい、まずい、これが足りない、あれが多い、とわかるのだそうだ。きっと天性のものなのだろうが、二郎さんほど舌と鼻の感覚が鋭い料理人にこれまで出会ったことがない、と禎一さんは話してくれた。

まるで料理人になるために生まれてきたような天性のセンスを持つ偉大な父。しかし、その偉大な父と同じ道を歩む息子は、どういう気持ちなのだろう？　そんな私の心を察してか、禎一さんは言った。

「でもね、センスがあっても数をこなさないといい料理人には絶対になれないんだよ。数をこなすことが一番大切なことで、親父さんを見ているとそれがよくわかる。いい料理人、一流の料理人と言われる人ほどよく仕事をしているよね。手を見たらわかるよ。若い時に作った傷がいっぱいだから。俺は親父さんのお蔭でいろいろな経験をさせてもらって、今こうしていられる。恵まれていると思うよ」

市場に行く習慣から学ぶ、たくさんのこと。鮨職人の修業10年説について。

禎一さんが「すきやばし次郎」に入って変わった習慣のひとつに、朝から市場へ仕入れに行くようになったことがある。それまでの修業先では、食材は注文して届けてもらっていたので、市場へ行くのは挨拶まわりなど年に数回のことだった。それが、次郎の小僧の頃には交代で、今に至っては毎日のことだ。

私は、禎一さんが二郎さんと一緒に市場に行っていた頃のことについて聞いてみた。

「市場での二郎さんって、どんな感じだったんですか?」

「どんな感じ? そうねぇ、偉そうな感じ? かな(笑)。まぁ、偉そうっていうか、やっぱり何か、みんなを緊張させる雰囲気があったんだよね」

「それはわかります。二郎さんがいると空気が凛としますよね、今でも」

「市場でもね、そういう感じだった」

「へー。お兄さんは前の仕事の時は市場に行くことはなかったから、次郎に入ってから市場で勉強することも多かったんじゃないですか?」

「いや、正直、親父さんと一緒に行っている頃はそんな余裕はなかったよ。親父さんの後ろをついてまわって、あれ入れとけ、運んどけ、ああしろ、こうしろって感じで、命令されたことをモタモタせずに、ハイ、ハイ、ってこなしていくので精一杯だった」

「なるほど。お父さんって、仕事がものすごく速そうですもんね」

「速いし、基本、せっかちだからね。親父さんは、仕入れが終わると仕入れた物が自転車置き場まで届けられるまでの間に河岸で朝飯を食べるんだけど、食べ終わって自転車置き場にまだ物が届いていないと、帰るぞ! って言って、実際、銀座の店に帰っちゃうもんだから、たまに間に合わないことがあると、魚屋さんが店まで運んでくれることもあったよ。親父さんもまだ若かったからね。今でもせっかちなんだから、当時はもっとだよ」

「そうでしょうねぇ。お兄さんたちも、河岸に行く日はそこで朝ごはんを食べるんですね？」

「いや、俺たちは仕入れが終わったらすぐに店に帰るの。小僧たちは河岸で二手に分かれて動くんだよ。先にあなごとか下ごしらえに時間のかかるものを持って帰って、先に始めておく。それ以外の物をもう一人の小僧が持って帰る。親父さんは最後に残った物を持って帰る、という流れだね」

「時間差で3つに分けて店に持って帰るんですね。それも、ネタになるまでのことを計算してそうしているってことか。さすが、段取りがいいなぁ」

「段取りをきちっとしないと、昼には店が開くんだから間に合わないんだよ」

「ということは、弟子たちが仕込みをしている最中に、お父さんが河岸から戻ってくるってことですか？」

「そうだね、親父さんが戻ってくるのは、仕込みを始めてから小一時間した頃だね」

「戻ってくると何か言われるんですか？」

「基本的には何も言わないんだけど、モタモタしてると昼に間に合わねぇぞ、とか言うことはあった。あとは視線で察する感じかな」

「視線？」

「そう、親父さんの視線がすごく厳しいのよ……」

「見られてるって感じなんですね？」

「そう。とにかく目配りというのかな、親父さんの視線を感じることはよくあった。人のこと、ほんとよく見てんだよね。親父さんがすごいって思うところにはそういうところもあるね。仕込みしてて、何か視線感じるなーって思って顔を上げると見てる、みたいな感じだった」

「その視線を感じるお兄さんもすごいなって思います。それにしても、ほんと、気の抜けない仕事ですね。しかも長時間労働ですし……」

「そうかもしれない。でもね、人は人生のどこかのタイミングで頑張らないと、いい人生を送れないと俺は思うんだよね。学生の時に勉強を一生懸命頑張った人たちは1日8時間働けばいい仕事につく。そうでなかった自分は、身体を使ってその人たちの倍の16時間働いてちょうどその人たちと同じくらいの生活ができるって思ってたし、今もそうだけど、お客さんたちの話を聞いてると、何かを成し遂げた人というのは、やっぱり、ある時期に人が驚くほどよく働いてきた人が多いよね」

もしもこの本を、今、料理人を目指して頑張っている人が読んでくれているとしたら、そしてその人がへこたれそうになっているとしたら、その苦しい積み重ねの毎日が、いつかきっと実を結ぶと信じて乗り越えて欲しいね。そう禎一さんは話していた。

二郎さんも、そして、禎一さん自身もそうであったように。

小僧の頃の禎一さんと現在の禎一さんとでは、市場での仕事の仕方が全く違う。鮨職人が市場へ行くメリットはたくさんあるが、やはり一番は「魚に対して目が肥える」ということだ。

禎一さんは、マグロについて話をしてくれた。

鮨ネタのメインともいえるマグロ。マグロといえば大間のマグロが有名であるが、獲れる時期は9月の末頃から12月末頃まで。しかもその期間、津軽海峡の龍飛岬寄りや下北半島寄り、北海道寄りなど、大間のマグロが獲れる場所は変わる。

大間のマグロ以外では、季節によって佐渡島、氷見、四国、三陸、山口などのマグロも、その年の海の様子で仕入れる。冬のマグロは脂肪を蓄えるので太っており、夏は縦に成長する。だから、夏は小さいマグロの方が味が濃くて美味しい。今年（２０１８年）は台風の多い年で、日本列島に大きな爪痕を残したが、台風が来ると潮の流れや海の状況が変わるので、仕入れの状況も変わるという。

禎一さんが、そういうことをある程度自分で想定できるようになったのも、毎朝、信頼している仲卸と話をしているからである。勿論、これはマグロに限った話ではなく、鮨ネタになる魚や素材全てについて言えることなのだから、鮨職人が市場で学ぶことはとても多いのだ。そして、その知識の全てが、より美味しい鮨を生みだすことに通じている。


私はこの話から、「すきやばし次郎」を例にした〝鮨職人の修業10年説〟というのがSNSなどでも話題になったことを思い出した。確かに「すきやばし次郎」で下積みをした人は、だいたい10年から12年の経験を経て独立する人が多い。ある有名人は、今の時代、鮨職人になるために何年も修業をするなんてナンセンスだと言った。そして、「玉子焼きをうまく焼けるようになるまでに10年かかる」なんて考えられないと話題になったのだ。

「お兄さん、玉子焼きだけのことを言えば、それが上手に焼けるようになるのには、どれくらいかかるんですか？」

「そうだねぇ、1年は監視されながらやっている。2年目は自分でやり始める、2年半から3年で自分のものになる、という感じかな。玉子焼きには玉子、芝エビ、お芋も入ってるんだけど、夏と冬では玉子の出来も違うから膨らみが違うし、エビも産卵前と産卵後で味が違う、お芋も季節で水分が変わるから、それをすり鉢ですり合わせながら、材料がこの状態だったら、仕込みはこうだ、っていうのを感覚で覚えるんだよ。とにかく数をやって覚えるしかない」

「なるほどねぇ。そして、材料を合わせて、また、焼くのが難しいですよね」

「難しいよ。俺も何回も失敗した。返す時に床に落としちゃうの。まだ固まってないから、プリンを床に落とすのと同じ感じ、べちゃっとね。数やらないとできないよ。これはほんと、体で覚えるしかないんだ」

「すきやばし次郎」の玉子焼き。私はそれに似たものを、他の鮨屋で食べたこともみたこともない。「すきやばし次郎」の玉子焼きは、誰もが知っている鮨屋の玉子焼きとは全く別の食べ物だと思っていいと、私は思う。

全部で20貫の、最後に出てくる玉子焼きにシャリはついておらず、それはデザートのような役目も果たしている。ほどよい大きさに四角くカットされた玉子焼きの見た目は、とてもきめが細かく、食感はしっとりとしている。初めて食べた時、そのあまりの美味しさに、カットして出される前の大きな状態のままを、スプーンで好きなだけすくって食べたいと言ったら笑われてしまったのだが、今でも冗談ぬきでそう思っているくらい格別な美味しさなのだ。

鮨職人の修業10年説。それを長いと思う人もいるかもしれない。しかし、日々の市場通いで魚や食材についてたくさんのことを学び、「すきやばし次郎」の味を覚え、それを鮨職人として全て自分のものにするには、10年でも短いはずだ。そして、たとえ長くかかったとしても、それを自分のものにできたとしたら、その先の鮨職人としての人生はこの上もなく充実したものになるだろう。

バブルがはじけた頃から大きく変わった「すきやばし次郎」の客層。

さて、禎一さんが小僧として「すきやばし次郎」に入ってから4年が経った頃、日本はいわゆるバブル景気に入っていた。一般的にバブル景気とは、1986年（昭和61年）の12月から、1991年（平成3年）2月までのことをいい、バブル期の銀座や六本木の夜は今よりもっと賑やかで、企業は派手な接待をしてタクシーチケットを大盤振る舞いし、帰りのタクシーがなかなかつかまらないという現象が起きるほどだった。

禎一さんの年齢でいうと、ちょうど27歳から32歳頃のことだ。

当時、「すきやばし次郎」はどんな雰囲気だったのだろうか。

「お兄さん、バブルの頃のお客さんの雰囲気というのは、今とは違ったんですか？」

「そうだね。当時はいわゆる〝社用族〟がお客さんの大半を占めていたよ」

社用族とは、接待など、会社の経費を使って飲食をする人たちのことだ。

「やっぱりそうなんですね」

「うん。だから今とは違って、つまみ中心でお酒をたくさん飲むお客さんも多かった」

「昼間もですか？」

「そうだよ。当時は昼間っから酒を飲んで、長い時間いるお客さんばかりだったんだよ」

これには驚いた。なぜならば、私が初めて「すきやばし次郎」のお鮨を食べた時には既に今のおまかせのスタイルであったし、カウンターで席を共にする他のお客さんにも、つまみ中心でお酒をたくさん飲んでいる人などみかけたことがないからだ。

「それは今を思うと信じられない光景ですね。今は、カウンターに座るとすぐにお鮨が出てきて、私なんか30分で食べ終わりますから」

「次郎がそういうスタイルになったのは、バブルがはじけた後なんだよ」

「そうだったんですねー。バブルがはじけて社用族が減って、お店は大変じゃなかったんですか？」

「それが、そういうことは全然なくてね。それまで社用で来てくれていたお客さんが、鮨が食べたいと言って、自分のお金で来てくれるようになったんだよ」

「そうだったんですね。その時は、今みたいなおまかせではなくて、お好みでお鮨を食べるスタイルだったってことですか？」

「そうだね、その頃はセット鮨もやっていた。それで、そこからまた数年して、今のおまかせのスタイルになっていったんだよ」

バブルがはじけ、日本社会全体が陰気な時代へと変化していくと同時に、飲食店に限らず銀座界隈の様々なお店が閉店するという事態に陥った。私はちょうどその頃に社会人になった世代なので、そのようなニュースをよく耳にしていた記憶が鮮明である。

しかし、そんな時代になっても「すきやばし次郎」の客足が途絶えることはなかった。

バブルがはじけた頃、二郎さんの年齢は60代半ばということになる。私は以前、二郎さんが「鮨屋だから鮨を食べてもらいたい」、「刺身やつまみを出す鮨屋はいっぱいある。一軒くらい、鮨しか出さない鮨屋があってもいいんじゃないか」と思い、今のスタイルに至ったと話しているのを聞いたことがある。

その時は何気なく聞いていたのだが、考えてみれば、「すきやばし次郎」が完全に今のスタイルに移行したのは二郎さんが70歳を過ぎてからのことだと知り、正直なところ驚いた。店主が二郎さんじゃなかったら、バブルがはじけてもお客さんが絶えることはなかったのだから無理をしてスタイルを変えることの方がリスクと考えたかもしれない。

私が鮨職人なら、「すきやばし次郎」が一番変化した時期から小僧として店を支え、二郎さんの舵取りを一番身近に感じながら同じ時間を生きてきた禎一さんのことを、とても羨ましく思うことだろう。

しかし、その頃の禎一さんにそんな余裕などなかったことは言うまでもない。日々がただ目まぐるしく過ぎていくのだ。小僧の禎一さんはまだ修業の身で、鮨を握ることもなかった。


「ところで、お鮨を握る練習はいつやるんですか？」

「お昼の営業と夜の仕込みの間の休憩時間にやる」

「そうか、大変ですね……。どんなふうに練習するんですか？」

「当時、近所にきしめん屋さんがあってね、そこに出入りしている豆腐屋さんからおからをボールいっぱい買ってきて、あとは、ネタはこんにゃくを使って切りつけの練習をしながら、おからとこんにゃくを握る練習をひたすらするんだよ。これがなかなかうまくくっつかないんだよね……。それを、同じ形、同じ幅、同じ高さに握って、ずらーっときれいに並べていくんだよ」

「きれいに並べたのを見て、お父さんは何か言うんですか？」

「いや、ちらっと見るけど、初めのうちは何も言わない。あとはおこげも使って練習する。とにかく何回も何回もやって感覚を覚えていくんだ」

「黙々と練習するわけですね」

「そうだねー。一緒に働く弟子同士はチームではあるけど、序列のはっきりした縦の世界なんだよね。だから、自分の順番がくるまでは、そうやって練習をして準備しておくしかないと思ってたよ。そういうことは前の修業先でも経験したから、体力的には次郎の方がきつかったけど、精神的には少し楽だったかもしれない。やっぱり、最初の修業の時、19歳でいきなりこの世界に入った時はもっと辛かったよ」

「お母さんだけには、結構きついなーって、弱音を吐いたって言ってましたもんねぇ」

「そうだね。でも次郎に入ってからは母親にも言わなかったと思う。言ってもしょうがねぇから、早く仕事を覚えて上に行かないと、って思ってた」

バブル時代の禎一さんは、浮かれた世の中とは真逆で、毎日を地味にコツコツと、自分の順番を待って準備を整えておく時期だった。そして、それはバブルがはじけても暫く続いた。

つけ場とお勝手の境目に立つという大切なポジション。

鮨職人にとって、つけ場は自分の舞台であり、主役になれる場所だ。そして、「すきやばし次郎」でお鮨を食べていると、鮨職人を目指す弟子たちにとって、きっとその場所が果てしなく遠い場所に思えるのではなかろうかと察する。

私がお店に行くと、現在つけ場立っているのは二郎さんと禎一さん、そして、お勝手とつけ場の境目に亮さん（岡崎亮さん）という弟子が立っていて、握りの進み具合とお客さんの様子をみながら、お勝手の小僧さんに指示を出し、つけ場とお勝手の橋渡し役をしている。

なぜそのようなポジションが必要かといえば、「すきやばし次郎」の鮨は、温かい方が美味しいネタは温かく、常温が美味しいネタは常温で、冷たい方が美味しいネタは冷たくして握るため、例えばエビなどは、握りの流れをみながら、ここぞというタイミングで茹で始めたり、逆に冷たいネタはぎりぎりまで冷蔵庫に入れておいたりと、ちょうどいいタイミングでネタをお勝手からつけ場へと持ってくる。それをコントロールするために必要なのがこのポジションなのだ。

私がみていても、このつけ場とお勝手の境目に立つポジションはとても重要で、そこの仕事がうまくこなせないと、鮨を握りながら接客をする鮨職人になど決してなれないのだなと思う。少なくとも、「すきやばし次郎」のような鮨屋で鮨職人になるとするならば、間違いなくそうだ。

「私、あの、つけ場とお勝手の境目のポジションって、いつも大変そうだなって思うんですけど、お兄さんがあのポジションにいたのはいつ頃からなんですか？」

「俺はね、最初からそうだったんだよ。朝の仕込みはみんなでやるんだけど、それが終わると、親父さんと、兄弟子の水谷と俺以外は、みんな高島屋店へ行っちゃうからね」

「えー？　いきなりあの境目のポジションですか。それは大変じゃないですか？」

「しょうがないよねぇ、他に人がいないんだから、やるしかなかったんだよ」

「そうだったんですねー」

「あそこに立って覚えたのは、気配り、目配り、だね」

「そうですよねぇ。つけ場で握る職人さんとお客さんの両方に気を配る必要がありますからね」

「そうだね。自分がつけ場に立つようになると改めてわかるんだけど、あの境目の目配り気配りにプラスして、今度は鮨を握って、全体の流れをみるわけ。だから、あのポジションができないと、鮨なんて握れるわけないいんだよ。しかもその頃はお勝手に小僧はいないから、お勝手の仕事も一人でやりながらだった。でもね、修業先でもずっとそうだったんだけど、なんか忙しくなっちゃうっていうか、そうせざるを得なくてそうなるんだけど、それをやったから今があるんだよね。そう考えるとさ、俺っていつも忙しくて、ある意味仕事運がいいのかもしれないいって思うよ（笑）」

「それにしても、よくこなしていましたね」

「正直、なんで俺ばっかこんなに忙しいんだ？　みたいに思ったこともあった。でもね、そんな時は、俺は元が怠け者だから、怠けさせないように天から試練を与えられているんだと思ってたよ」

「すきやばし次郎」に入って早々、重要なポジションを与えられ、試練と努力の毎日が続いた。そして、「すきやばし次郎」に入って、十数年が経った。

水谷八郎さんの独立と禎一さんの転機。任せてもらえない常連さんへの握り。

ちょうどその頃、一番上の兄弟子である水谷氏は「すきやばし次郎」で働くようになってから10年以上が過ぎ、そろそろ独立したいという話が出ていた。

二郎さんは自分が勤めていた頃、なかなか独立させてもらえなかった経験もあり、そのことで嫌な思いもしたので、弟子が一人前の職人になったら快く独立をさせてきたという。これまで独立していった人の殆どが、10年から12年の修業を経て独立している。

「お兄さんとしては、水谷さんの独立の話が出始めてから、そろそろ俺の出番か、っていう気持ちでしたよね？　お兄さん自身も次郎に入って10年以上経っていたわけですし……」

「そうだね。確か俺が34か35か、それくらいなんだよね。そんなにやる気満々という感じではなかったけど、まぁ、その頃は俺の下に小僧もいたし、セットの握りを握ったりもしてたから、上がいなくなるってことは、自分がつけ場に立つことになるんだろうなー、準備しておかないとなーっていう気持ちはあった」

「前回（3回目の取材時）、お父さんにあなごのツメを作れって言われて作ったら、一発でOKをもらったって言ってたのもこの頃のことですよね？」

「そうだよ。あれはほんと嬉しかったなぁ。その頃の話だね」

「思うに、お兄さんが自分で思っている以上に、実は仕事ができてたのかもしれませんよ」

「どうだろうねぇ。でもまだまだだよ。お前の味でいいよ、今度からお前が作れって言われたんだけど、勿論、親父さんは毎回必ず味見をしてた。ちょうどいい味っていうのは、やっぱり一点しかないいんだよね。その一点に最初からできるようになって、親父さんの微調整がいらなくなったのは……そうだね、俺が45歳くらいからだったと思う」


余談だが、禎一さんは、自分は食いしん坊で美味しいものが好きだから、修業時代のまかないも美味しく作ろうと努力したという。そういう話を聞いていると、この人は小野二郎の息子として生まれてこなくても料理人になっていたのではないかと思えてくる。

二郎さんはよく「好きな食べ物は何ですか？」と聞かれるのだそうだが、そう聞かれると決まって、「美味しいものが好きです」と答えるという。二郎さんらしいウィットに富んだ、的を射た答えだ。

食いしん坊で美味しいものが好きというのは、料理人としてとても大切な要素なのだ。

あなごのツメは、その甘さとしょっぱさのバランスが味付けのポイントとなる。大鍋いっぱいにあった煮汁が最終的に瓶一本くらいの量になるまで煮詰めていくのだ。煮詰まった時の味を想像しながら調味料を加えるのが難しいのだが、禎一さん曰く、一度しょっぱくなったものを甘くすることはできないのだそうで、甘いものをしょっぱくする微調整はできるという。そういった料理の基本を師匠である丸氏の下でしっかり学んだ禎一さんは、ツメを作る時、しょっぱくならないことを心がけていたという。

江戸前の鮨というのは、コハダやアジなどは酢で締め、あわびやはまぐりは煮るなど、そのひと手間が店の味となる。今では禎一さんがその全ての味付けをし、二郎さんの味を伝承している。

こうして、兄弟子、水谷さんの独立により、来るべくして禎一さんがつけ場に立つ日が来たのだ。しかし……。

「結局ね、親父さんは握らせてくれなかった」

「え？　どういうことですか？」

「殆ど親父さん一人で握って、俺は切りつけとセットの注文を握るっていう感じがだいぶ長いこと続いたなぁ……」

「常連さんも多いんでしょう？」

「そう。常連さんに握るようになるのなんて、まだまだ、ずっとずっと先の話だよ」

「そうか。それで、ここからまたそういう数年が経って、40歳の時に、あの世界ナンバー1シェフの突然の来店があったんですね！」

「そう。フェラン・アドリアさんが来たんだよ。それでなんとなく本当の意味で腹が決まったんだよね。あー、俺にはこの道しかないってね。少し自信がついたって感じだった」

　この時の状況は、第3回の取材記録に記した通りである。


　禎一さんが「すきやばし次郎」に入ってからの20代、30代というのは、父親からはダメ出しの連

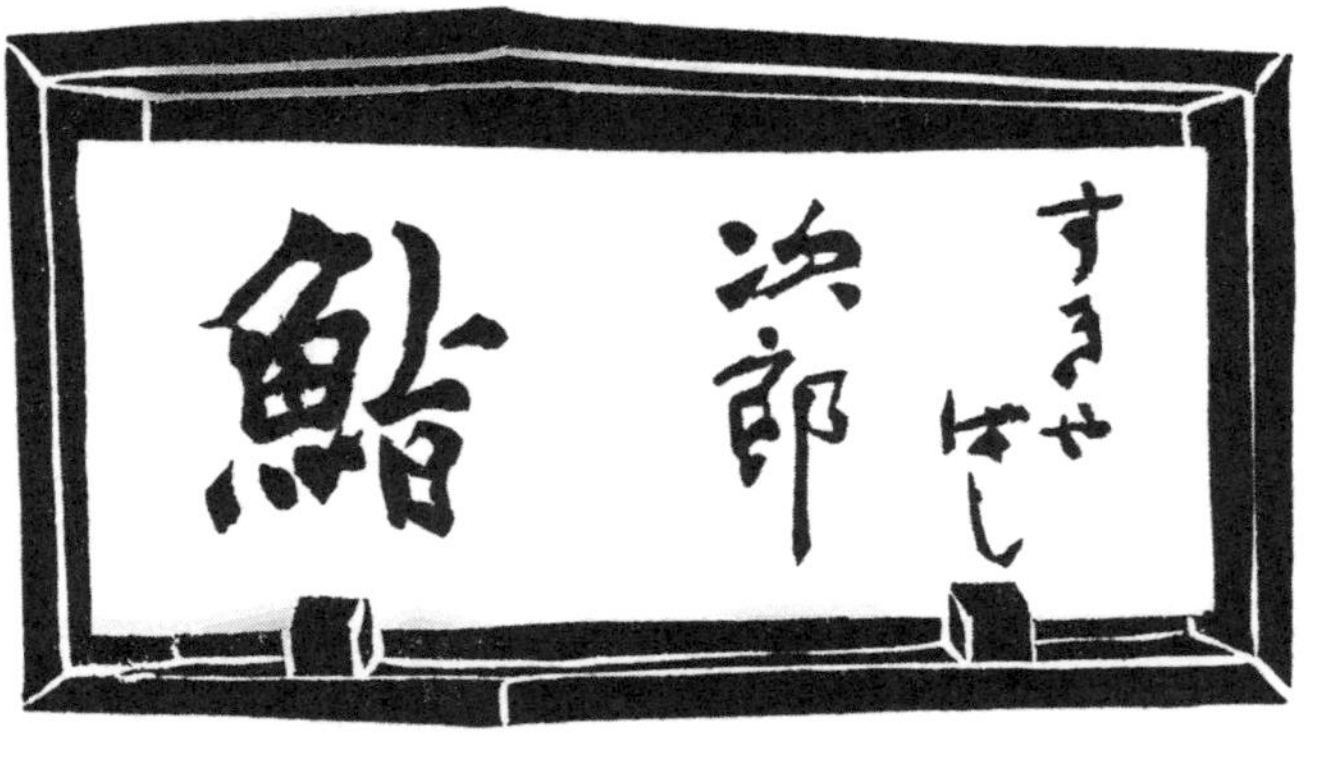

続、出来のいい弟からの叱咤など、相手が家族であるが故に反撃することも怒りをぶつけることもできず、また自分の鮨職人としての技術も未熟なわけで……これまでの人生において一番苦しい時期だったのではなかろうか。

しかし、禎一さんという人はとても素直なのだろう、何があっても捻くれたり拴けたりすることはなかった。

「すきやばし次郎」が初めて『ミシュランガイド東京』で三ツ星をとった時、禎一さんは48歳だった。少しだけ自信がつき、本気になった40歳の頃、まさかそんなご褒美が自分の人生に訪れるとは、その頃は想像もしていなかったことだろう。

◉第4回取材のこぼれ話　二郎さんの小話とギネス認定

取材を終えて帰る時、二郎さんがお店の出入口の傍にある、つくばい近くのテーブル席に座って休憩していた。夕方から友達と会食の予定があるという二郎さんに、私は声をかけた。

「今日の取材、終わりました。ありがとうございました」

「はい、おつかれさま」

「二郎さん、来月は93歳のお誕生日ですよ」

「そうですねぇ、もういいですよ、誕生日は」

そう言いながら微笑む二郎さん。本当に誕生日がやってくるのはあまり嬉しくないのだろうかと考えていると、二郎さんはこんな話をしてくれた。

「とある宿屋でね、月と日（太陽）と雷が出会ってね、3人はすぐに仲良くなって、一緒に食事をして、それぞれの部屋で寝たんですよ。そして翌朝になって、雷が起きてきたら月と日がいないもんだからおかしいなぁって思って、宿屋の主人に、あの二人はどうした？　って聞いたら、今朝早く立ちました、って。そしたら雷は、月日がたつのは早いなーって言って、じゃあ私は夕立ちにしよう、と言ったという話があるんですよ……。本当に月日が経つのは早いですね」

「へー、うまい小話ですねぇ。お父さんでもそう思うんですね？」

「思いますよ。若い時はね、いろいろやることがあるでしょう。今はどっかへ遊びに行くってこともないし、90を過ぎてから本当に早く感じます」

「いやいやお父さん、やることがないって言いますけど、この夏も器のこととか、仕事とはいえ週末毎に静岡へ行ったり、岐阜へ行ったりして予定がたくさんじゃないですか。土曜日も私が取材に来ると、夜はだいたいいつもお友達と食事に行く約束があるって言ってるし、私よりよほど活動的ですよ（笑）」

「そうですか。前はもっと遊びに行ってましたからね、今は暇ですよ」

「そもそも93歳で仕事をして、お鮨を握ってる人なんていないですから」

「まぁ、そうですけどね……」

　二郎さんは83歳の時、世界最高齢のミシュラン三ツ星の料理長としてギネス認定され、それから10年が経っている。

——つまり現在、世界最高齢の三ツ星料理人としての記録を更新しつづけているということだ。

第5回 取材記録（２０１８年10月13日・土曜日）

５回目の取材は、２０１８年10月13日、土曜日に行なった。通常、土曜日は昼のみ営業しているが、その日、店は休みだった。なぜならば、10月11日に築地から移転した豊洲市場がスタートし、これまでと勝手が変わるため、仕入れの段取りがうまくいくのかわからないという理由で、10月９日から店を休みにしていたのだ。15日から始まる次の週も、万全を期して昼の営業は休みにし、夜のみ営業するという。

この日、私は店が休みであることを事前に聞いていたが、仕入れには行くし、いろいろな準備があるので、二郎さん以外は皆、店に出ているということだった。いつもの昼の仕事終わりの雰囲気とは違って、店の中も少しゆったりとした空気なのだろうな、と思いつつ訪れたのだが、実際に扉を開けると、いつもと同じように、禎一さんもお弟子さんたちもとても忙しそうに働いていた。聞けば、豊洲市場へは毎朝行って仕入れをし、今のうちにできる仕込みをやっているのだという。

ニュースでは連日、豊洲市場のことが流れ、4日間をかけて行なわれた大規模な引っ越しも、多少の渋滞などはあったものの無事に終わったとのことだった。日本人は本当に真面目というか、決められたことはきちんと計画的にやってのける気質なのだなぁと、自分も日本人でありながら感心してしまう。

「ニュースで引っ越しの様子をみてましたよ。思っていたほど混乱もなく終わったみたいでよかったですね。でも、仕入れは初めのうちは慣れないから大変でしょう?」

「そうだねー。広くて、中での動き方がまだよくわかんないから、地図をみながら最短ルートを調べて回ってるんだけど、やっぱり、今までより1時間は長くかかるねー」

「そもそも銀座からも遠くなりましたからねぇ。これまで自転車だったけど、車で行くようにしたんですよね?」

「そう、車にした。バイクも考えたけど、大型トラックにひっかけられたりしたら危ないからね。初日は市場の門をくぐってから駐車場に入るまで1時間もかかったんだよ。でも2日目からはスムーズに行けるようになったから大丈夫だと思う」

「それはよかった。来週から営業再開ですね」

「そうだね。仕入れは、先にできるもんはして、今日はいくらの仕込みとか、早目にできることをやっておいて、って感じだね」

「準備万端ですね？」

「まぁ、大丈夫でしょう」

日本にとっては〝新しい歴史の幕開け〟とも言うべき市場の移転という大きな出来事も、こうして禎一さんやお弟子さんたちの生活を切り取ってみると、同じような毎日の積み重ねの中の変化のひとつに過ぎず、その毎日の積み重ねの先に大きな歴史的変化が繋がっているのだなと思うと少し不思議な気持ちにもなる。また、市場が変われども、これまでと変わらず「すきやばし次郎」の美味しいお鮨が食べられるというのはなんといっても嬉しい。


この日の取材内容は、禎一さんの変化、「すきやばし次郎」の変化、兄弟関係の変化、親子関係の変化など、自然とテーマが「変化」ということに絞られていったように思う。築地市場から豊洲市場への「変化」というタイミングが重なり、それが、職人人生を歩み始めてからの禎一さんの様々な変化を振り返るきっかけにもなったからだ。

しかし禎一さんは、変わることの大切さに触れながら、変わらないこと、流されないことの大切さも話してくれた。そして、それはやはり二郎さんからの教えでもあった。

二郎さんが築地市場に行かなくなったきっかけと、禎一さんの変化。

23歳で「すきやばし次郎」に小僧として入った禎一さんは、入ってからの数年間は他の弟子たちと交代で朝から市場へ行っていた。そして、二郎さんは毎日市場へ行っていた。

「ところでお兄さんは、いつから毎日市場へ行くようになったんですか?」

「30歳くらいかなぁ」

「確か、お父さんが市場へ行かなくなったのは、70歳の時に心臓病で倒れてからでしたよね?」

「そうだね、その時、俺は36歳だった」

「お父さんが倒れた時は、びっくりされたでしょう? その時、お父さんはどんな様子だったんですか?」

「あの時はほんとびっくりした。親父さんが市場から帰ってきてね、いつものようにつくばいのところの椅子に座って一服してたら、バタンと倒れたんだよ」

「お兄さんがみつけたんですか?」

「いや、俺はお勝手で仕込みをしてて、お掃除のおばさんがみつけて、親父さんがおかしいです！　って呼びにきたの。それで、慌てて親父さんのところに行って、大丈夫ですかー！　って声をかけたら、親父さんが、ダメだっ、て言うからさぁ……」

「お父さん、意識はあったんですね？」

「意識はあった。それで、すぐに救急車を呼んで、聖路加病院に運んでもらってね」

「心臓が悪いっていうのは前から知ってたんですか？」

「いやいや、その時に初めてわかったの」

「そうだったんですね」

「救急隊員の人には、心筋梗塞かもしれないって言われたんだけど、そこから一週間くらい入院して、いろいろ調べて、狭心症っていう診断だった」

「お店で倒れたのは不幸中の幸いだったかもしれないですね」

「そうかもしれないねぇ」

「お父さんは、それがきっかけで市場に行かなくなってしまったんですね？」

「そうだね。特に朝は気を付けた方がいいっていうのもあってね。親父さんに、朝は無理をさせられないから、これからは仕入れは大丈夫です、って言ったら、わかった、って親父さんもすぐに納得して……」

「もしかしたら、お父さんも、そろそろ任せても大丈夫と思っていたかもしれないですよね？」

「どうだろうねぇ。よっぽど苦しかったんだと思うよ。任せるしかないって思ったんだと思う」

「お兄さんとしては、仕入れを任されるって、ほんとに責任重大ですよね」

「そうだよー。親父さんに、馬鹿野郎！　なんでこんなもん仕入れて来たんだ！　って言われちゃいけないと思うからね。その頃はまだ30代半ばの若造だったしさ……」

「馬鹿野郎！　こんなもん仕入れて来やがって！　って、お父さんに怒られたこと、これまでにあるんですか？」

「それが、実は一度もないんだよ。それはね、市場の仲買人さんたちのおかげだと思うよ、本当に感謝しているよ」

「そうなんですね。任されるようになって変わったことというか、心がけたことってあるんですか？」

「変わったと思う。まず、自分から積極的に仲買人さんたちと話すようになった。それが一番変わった点かもしれないな。やっぱりコミュニケーションってすごく大事なんだよ。仲買人さんと親しくなると、みんないろいろ教えてくれるし。みんなそれぞれのプロで、信頼できる人たちばかりなんだよ。その人たちのためにもいい仕事をしないといけないなって思うようになった。仲買人の思いを継ぐのが鮨職人だからね」

それでも鮨ネタになる魚介類の仕入れはとても繊細で難しく、市場から持って帰り、実際に店で試食をしてみるとダメだったということも時々あるのだそうだ。勿論、そういったものはお客さんには絶対に出さない。

禎一さんが、修業時代から仕事をする上で基本とし、大切にしているのは「ほう・れん・そう（報告・連絡・相談）」で、例えば、仕入れたものが良かった時も良くなかった時も、仲買人に必ず伝えるようにしているという。そうすることで、「すきやばし次郎」が好む素材を仲買人にわかってもらえるので、仕入れのミスが少なくなるのだそうだ。

「ほう・れん・そう」は勿論、二郎さんに対しても毎日欠かさず行なう。禎一さんは、市場へ行き、自分の目で見て触った感覚、仲買人と情報交換した内容を、今でも毎日二郎さんと共有している。これは、仕入れを任されるようになった日から現在まで、ずっと変わらず続けているという。二郎さんの指摘は相変わらず鋭く、今でも「これを使って、こんなふうに作ってみようか」と、二郎さんの発案で禎一さんが新しいネタの試作を作ることがよくあるのだそうだ。

「次郎スタイル」の誕生。懐石料理やフランス料理のコースのように。

「すきやばし次郎」が、お客がカウンターに座ると、注文をせずとも一貫ずつ、だいたい20貫の握りを出すおまかせのスタイルに変わったのは、二郎さんが70歳を過ぎてからのことだった。一体、どんなきっかけがあったのだろうか？

「次郎の鮨が、完全に今のようなおまかせのスタイル一本になったのは、いつ頃なんですか？」

「今からだいたい15年前くらいだよ」

「15年前ってことは、お兄さんが45歳、お父さんが78歳くらいの時ということですね？」

「そうだね」

「どういう流れでそうなったんですか？」

「自然といえば自然だったのかもしれないなぁ。勿論、お造りを出して、お酒を飲んだ後に鮨を食べる、というお客さんもいたけど、その頃は全体的にお鮨を食べに来るお客さんの方が多くなっていたんだよ。それで親父さんが、懐石料理でもフランス料理でも出す順番があるように、鮨もそのようにしたらどうだろう、ということを言いだして、じゃあ、やってみましょうか、ということになったんだよ」

懐石料理やフランス料理のコースのように――その二郎さんの発想から、父と子の、鮨という日本食の歴史を変えるような共同作業が始まったのだ。

「それで、順番を決めるのにどれくらいの時間がかかって、どんなふうに順番を決めていったんですか?」

「そんなに長くはかからなかったよ。1カ月くらいの間に、休憩時間を使って、親父さんと何回か試食をしながら決めていった」

「なるほど。なんか新しい発明みたいでドキドキしますね」

「そんな感覚はなかったなぁ。毎日やっていることを、もっと美味しくしようと考えてやることだから、自分たちにとってはそんなに特別なことじゃなかったし、それは今だってやってることなんだよ」

次郎スタイルであるおまかせ鮨は、二郎さんと禎一さんが常に持っている「もっと美味しくしたい」という思いから、生まれるべくして生まれたものだった。それにしても、「懐石料理やフランス料理のコースのような鮨」とは、小野二郎という人の発想力はやはりすごい。

「試食はどんなふうに進めていったんですか？」

「まず、美味しく食べられる根拠に従って、メモを書き出してね……」

「美味しく食べられる〝根拠〟ですか？」

禎一さんは、この〝根拠〟について詳しく説明してくれた。

それまで、鮨を食べる順番といえば、マグロからというのがなんとなく決まりのようになっていた。しかも、赤身、中トロ、大トロの順番で3つ続く。しかし、マグロのような味の濃いものを食べた後に白身やイカなどを出すと、その美味しさが伝わりにくいという。そこで、味の淡いものを先に出し、全体の流れを考えることにしたのだ。

例えば、季節のネタであるかつおは燻製にするため香りが強いのだが、かつおの香りを引きずらないように、かつおの後に甘いツメをつけたしゃこを持ってくることで、いったん味がリセットされる。そして、全体の流れとしては、コハダまでの昔ながらの古典的なネタでワンフレーズ、その後に季節のネタでワンフレーズ、そして最後に、甘いあなごや玉子はデザートのような感覚で、というものだ。

【5月頃のネタ　※季節、日によって変わります。】
かれい

すみいか
しまあじ
マグロ赤身
マグロ中トロ
マグロ大トロ
コハダ
あわび
あじ
くるまえび
赤貝
かつお
しゃこ
あじす
うに
こばしら
いくら

あなご
たまご

「こんなふうに、メモに書いた順番通りに握って、それを親父さんに食べてもらう、というやり方で進めていったんだよ」

「なるほど。お父さんがお客さん役ということですか？」

「そうだね。お前、握れ！って言われて、親父さんはカウンターに座ってもらって、順番通りに食べてもらって、俺はつけ場で一緒に食べながら、ひとつひとつ、お互いに、いいよね、いいよね、ここは変えてみましょうか、という感じで、メモを確認しながら……」

「共同作業という感じですね。そして、ついに完成したんですね！」

「そうだね。一応、全体の構成はその時に完成した。でも、毎日続けていきながら、また、魚の状態をみながら、少し変わることもあるんだよ」

「そういうのは、今でもお父さんから発信される場合も多いんだって、前におっしゃってましたよね？」

「そうそう、今でもあるよ。それはお互いに、だね。ふっと、こっちの方がいいんじゃない？　っていうのをお互いに思いつくことがあって、親父さんと試してみて、良かったらそうしようってことになるし、やっぱり変えない方がいいね、ってなることもある。まずは試して、自分で食べてみて、自分たちが美味しいと思えるものじゃないと、お客さんには絶対に出さない。そうじゃないとお客さんに失礼でしょう」

美味しさの発明は、職人の探求心にかかっている。私は「考えることを止めてしまったら、職人としての成長が終わる」という禎一さんの言葉を思い出しながら、この「すきやばし次郎スタイル」発明の話に聞き入っていた。しかし、この話には続きがあった。

「それで、完成して、いよいよお客さんへおまかせ鮨として出すことにしたんですね？」

「いや、二人の間で、これでいきましょう、となったところで、料理評論家の山本益博さんに試食してもらったんだよ」

「そうなんですね……。それは驚きです」

「親父さんが何かの書物で、味の薄いものを先に食べた方が美味しさが伝わりやすいと山本さんが書かれていたのを読んだことがあって、それで、一度山本さんに食べてみてもらおうということになったんだ」

「山本さんにはどんなふうにお話をされたんですか?」

「実は、こういうスタイルにしたらどうかと考えてみたので、食べてみてもらえませんかってお願いして、店に来てもらったの」

「へー、そうだったんですねー。その結果はどうだったんですか?」

「山本さんはひと通り食べて、いいと思います、って言ってくれた」


こうして今のスタイルが完成した。料理評論家の山本氏に試食をお願いしたのは、二郎さんや禎一さんが他者の意見に聞く耳を持ち、それが納得できる意見であれば素直に受け入れる姿勢を持っているからだろう。鮨職人は頑固なイメージが強いが、ただ頑固なだけでは本当に美味しいものは作り出せない。必要なのは、「より美味しくしたい」という思いの頑固さであり、心と発想はいつも柔軟でなくてはならないのだ。

六本木ヒルズ店のオープン。忘れられないあの日のこと。

おまかせ鮨のスタイルが完成したちょうどその頃、時は2003年4月、六本木ヒルズが開業したのと同時に「すきやばし次郎・六本木ヒルズ店」もオープンした。店主となったのは、禎一さんの弟、隆士さんだ。

その数年前に、二郎さんは高島屋店を弟子に譲り、隆士さんは銀座本店で働くようになっていた。二郎さん、禎一さん、隆士さんの３人が店に揃った数年間があった、というのもとても興味深いし、おそらくこれから先、もう親子３人揃ってつけ場に立つこともないのだろうと思うと、なんとなく寂しい気もする。

「20代の頃、お兄さんが次郎に入ってから弟さんとの関係がギクシャクしてたって言ってましたけど、弟さんが銀座に戻ってきてからは大丈夫だったんですか？」

「もうその頃は俺も職人としてつけ場に立ってたし、口では何も言わないけど、お互いに認めてるって感じで、自然とギクシャクした感じはなくなってたよ」

「よかったですね。後に、六本木に新店を構えるという話は、どんな流れで決まったんですか？」

「森ビルがまだ建設に入る前、ちょうど六本木ヒルズの青写真ができた頃に、江戸前料理の通りをつくるから入りませんかという話があってね……」

「江戸前料理の通りですか……」

「そう。鮨、天ぷら、うなぎ、そば、とかね。それで、親父さんが入ることを決めたんだよ」

「その時、お兄さんは、自分が六本木に行くのかな？　みたいな感じはなかったんですか？」

「それはなかった。実を言うとバブルの終わり頃に、九段下に店を出しませんかという話があってね、結局出さなかったんだけど、その時に、私が行きましょうかって親父さんに言ったことがあって、お前は銀座で、もしもやるなら弟にやらせる、って親父さんが言ったんだよね。だから、六本木の話が出た時も俺じゃなくて弟だっていうのはわかってた」

「長男だからですか？」

「そうだね。親父さんはそういう考えだし、多分、性格的にも俺との方がやりやすいのかもしれない。弟と親父さんは性格的にすごく似てるところがあるから、いい時はいいんだけど、ぶつかった時は逆に心配だって、母親も昔っから言ってた。親父さんは、弟が六本木店を出す時に、もう帰ってくるところはないぞ、死ぬ気でやれ、って言ってたよ」

「厳しい言葉ですね。そんなふうに言われたら、そりゃあ弟さんも覚悟を決めて、という感じだったでしょうね」

「そうだと思うよ」

「お兄さんは、弟に生まれた方がよかったなーって思うことはないんですか？」

「今はないね。だって、一番長く、一番近くで親父さんの仕事を見られるんだよ。それってすごく有難いことだよ」

「確かに、毎日隣にいると、お父さんのその日のコンディションまでわかりますよね？」

「わかる、わかる。親父さんも進化しているからね、それを一番近くで見て、技術を盗めるんだから」

「ところで、弟さんは六本木の店を持ってから、お父さんの握ったお鮨を一度だけ食べたことがあるって、1回目の取材の時に言ってましたよね？」

「ある。それは多分、俺には一生ないんだろうね。それだけはほんと、隆士さんが羨ましいよ」

「隆士さん？　お兄さんって弟さんのことを隆士さんって呼ぶんですか？」

そうなのだ。禎一さんは弟のことを隆士さんと呼び、隆士さんは禎一さんのことを兄貴と呼ぶ。禎一さんは、隆士さんが六本木に店を持ち、ミシュランで二ツ星をとった頃から、意識してそう呼ぶようになったのだそうだ。

兄弟というよりはお互いに一人の職人として認め合っているから、呼び方ひとつをとっても馴れ合いにならないように、敬意を込めてそうしている、と禎一さんは話していた。

さて、話は隆士さんが二郎さんの握ったお鮨を食べに来た時のことである。

それは、六本木店がオープンして暫くしてからのことだった。当初から六本木店を一緒に切り盛りしていた水上行宣氏（現在は独立し、2018年3月、千代田区一番町に「鮨みずかみ」をオープンさせた）と二人である日銀座店にやってくると、半ば土下座するようにして「親父さんの握った鮨を一度でいいから食べさせてください」と二郎さんに懇願したという。

「親方の握ったお鮨を食べるのってそんなに大変なことなんですか？」

「そうだよ。俺たちの世界では、まぁ、ありえないことだね。親方と弟子、親方がつけ場で立って握る鮨を、弟子がカウンター越しに座って食べるなんてことはありえない。職人っていうのはそういう世界なんだよ」

しかし二郎さんは了承し、後日改めて、隆士さんと水上氏は二人で食べに来たのだそうだ。

「二人が食べに来た時、どんな様子でしたか？」

「二人とも、なんとも言えない顔をしてたねぇ。すごく緊張してる感じがこっちにまで伝わってきたよ」

「お父さんはどんな感じでしたか？」

「親父さんはいつも通りの感じだった。貸切じゃないから、他のお客さんもいたしね」

「食べ始めると、二人はどんな感じでしたか？」

「親父さんの横で切りつけをしながらじーっと二人を観察してたんだけど、こう、なんと言うか、何か必死に技を盗もうとしてるっていうのがわかったな。とにかく一生懸命食べてる感じだったよ。本当に羨ましかったなぁ。俺には一生ない経験だろうなーってその時も思った。それでね、弟は帰る時に『一生覚えておきます』と言って、頭を深々と下げて店を出て行った……」

そのシーンが目に浮かぶ。父には父の、兄には兄の、弟には弟の、それぞれの複雑な思いが交差した時間であったに違いない。弟の言葉通り、親子それぞれが一生忘れることのできない時間になったことだろう。

日々の繰り返しの中で自然にわかる父の教え。継承される二郎さんの教え。

今や世界中にたくさんの鮨屋があり、その業態も、個人経営、チェーン展開など様々である。また、鮨に限らず〝名のある料理人〟が監修し、世界をまたにかけてレストラン展開といったケースも少なくない。

だが勿論、人の身体はひとつしかないわけで、店舗を増やせばその〝名のある料理人〟自らが厨房に立ち、腕を振るう時間はぐんと減るだろう。しかし、そこで働く人たちに、自らの味、自らの技術を教えることで、ある一定のクオリティを保つことができ、その看板料理人の味を求める人たちが本物さながらの料理を味わえるなら、客の立場からは結構な話だろうし、商売という目線からも決して悪くない話ではなかろうか。

しかし、「すきやばし次郎」は違う。特にミシュランで三ツ星をとってからというもの、ひっきりなしに新店を出して欲しいという話が多方面からあるが、それを全て断っているという。六本木ヒルズ店をオープンさせて以降、一つも店を増やしていない。

「お兄さん、ミシュランで三ツ星をとってから、店を出しませんかって引き合いが多いでしょう？」

「多いねー。正直、いくらでも話がある」

「どんなところからお話がくるんですか？」

「いろいろなんだけど、例えばホテルとか、新しいビルとか、海外からも話がある……」

「それで、出す予定はないんですか？」

「ないない」

すぐさま否定の言葉を発する禎一さん。なぜこうもはっきりと否定するのか不思議だった。今、新店を出せばきっといい条件で出せるだろうし、間違いなくお客さんは入る。

しかし、詳しく話を聞いてみると、いい話があったからといって簡単に店は増やさないという考え方は、禎一さんが20代の頃から、つまり二郎さんと一緒に仕事をするようになってからずっと、日々感じている「父の教え」ともいうべきものだった。

そしてそれは、言葉による教えではなく、父の仕事に対する姿勢から禎一さんが自然と学びとったものなのだ。


「ないないって、すぐに否定しますねぇ」

「ないよ。俺にはそんな技量がないって自分でよくわかってる」

「そんなことはないでしょう。今や、すきやばし次郎といったら世界一の鮨屋ですよ。それに、会社組織になって、お兄さんが鮨職人であるとともに経営者だし。なんと言っても11年連続ミシュランの三ツ星店なんですから」

「いやいや、そこはミシュランは関係ないんだ。俺がわかってるのは、あのズバ抜けてすごい親父さんが、これまで店を拡げてこなかったことには理由があるってことなんだよ。

親父さんには、仕事に対して、商売に対しての考えがあって、毎日一緒に仕事をしてるとそれがわかるからね」

「例えばどのようなことですか?」

「まず、いつも最悪のことを考えて仕事をしている……」

「最悪のこと?」

「そう。もしもいいネタを準備できなかったら迷惑をかける、もしも職人がいなくて店をクローズさせることになったら迷惑をかける、もしも……もしも……って、常にもしものことを考えて、万全の準備をするんだよ。あの親父さんでさえそうなんだよ。自分の目の届かないところで店をやるなんて、考えられないよ。次郎に入った頃から、『金儲けって思ってやってたら商売はうまくいかねぇぞ。あぁ、美味しいなー、また食べたいなー、女房に食べさせてやりたいなーって思ってもらえるように作ることが、結果として商売に繋がる』って親父さんはよく言ってたんだけど、本当の意味がわかってきたのは40を過ぎた頃かな」

「いいお話ですね。そういうお話はどんな時にするんですか?」

「家で食事をしている時に、たまたま話題になったりすることが多いかなぁ」

「そういうお話が聞けるっていうのは、やっぱり息子ならではですよね。羨ましいです」

「確かにそうかもしれない、でもね、俺はそういう話をよく弟子たちにするよ」

禎一さんは、自分のことを言えば、若い時にそんなことを言われても目の前にある仕事をやりこなすのが精一杯で、あまり深く考えを巡らせることはなかったのだそうだ。しかし、今だからわかる〝二郎さんの教え〟というものがあるから、それを自分の弟子たちにも伝えるようにしているのだという。

禎一さんは続けた。

「きっとみんな、いつかは独立したいって思ってるよね。だからその日のために、役に立つ話を皆にするようにしてる。そして、必ず最後に俺が言うのはね、やり方は教えます、でもやるかやらないかを決めるのは俺じゃなくて君たちだよって。最後は自分次第。厳しいことを言われることもあるけど、それをクレームと思うか素直に受け止めて修正していくかで職人としての人生が変わるってね……」

この日の最後に、私はこんな質問をした。

「初めてミシュランで三ツ星をとった時、表彰台に立つお父さんをみてどう思いました？」

「俺は仕事で行けなかったんだけど、テレビに映ったコックコートを着てる親父さんをみてさ、すごいなー、カッコいいなーって思ったよ。でも帰ってから、親父さん、よかったですねって言ったら、親父さんは、ミシュラン？　へー？　って感じでさ……」

「ミシュラン？　へー？　ですか。なんかお父さんらしいですね」

「親父さんは、こんなふうに評価されて嬉しいけど、それが全てじゃない。俺は鮨職人だから、現代の名工もそうだけど、真面目にコツコツやってたら必ず後から評価される、って言ってたのをよく覚えてるよ。ほんと、親父さんらしい言葉だよね」


二郎さんは天才と評される鮨職人だ。しかし、本人には全くと言っていいほどその自覚はない。ただ、「毎日コツコツと真面目に仕事をしてきた」という自信は、きっと誰よりもあるのだと思う。

「天才は一日にしてならず」とはよく言われるが、二郎さんの傍にいて、それを誰よりもよくわかっているのは禎一さんに違いない。

◉第5回取材のこぼれ話　想像以上に忙しい禎一さん。二郎さんの誕生日

禎一さんは本当に忙しい。お店は月曜日から土曜日の昼の営業まで。そして、週末の予定も随分先まで入っていて、それもプライベートなものではなく仕事関係のことが多い。

この日も取材途中に突然、二人の来客があった。そのうちの一人はテレビの制作会社の人で、某テレビ番組からの取材依頼だった。ちょうど居合わせた私も話を聞いたのだが、豊洲市場関連の企画で、その趣旨を聞くと、禎一さんの発言の影響力の大きさに期待した企画であることがわかった。

マグロの乱獲については、禎一さん自身、問題意識が強く、自分が何かの役に立てるのであれば、という気持ちでシンポジウムなどに参加しているそうだ。

話は変わって、10月27日の土曜日は、二郎さんの誕生日だった。私は前日の金曜日の夕方、営業時間の少し前に店におじゃまし、手紙と気持ちばかりのプレゼントを届けた。二郎さんはいつも通り元気で、仕事着でお客を迎える準備中だった。

満93歳になる二郎さんは、やっぱり真っ白な仕事着がとてもよく似合っていた。

このところ私は毎朝、NHKの朝ドラ「まんぷく」を観ているのだが、ちょうど今、描かれているのが昭和20年頃、終戦直前の日本だ。二郎さんはその頃、20歳だったことになる。「月日の経つのは本当に早いものです」と二郎さんは言っていたが、私には正直そうは思えない。少なくとも二郎さんの人生においては……。

小野二郎という人は、世界一の鮨職人というだけでなく、あの戦争を経験した日本の歴史を語ることのできる人だ。私は二郎さんに仕事以外のこともたくさん語って欲しいと常々思っている。

第6回　取材記録（２０１８年11月17日・土曜日）

６回目の取材は、２０１８年11月17日、土曜日に行なった。毎年のことながら、『ミシュランガイド東京』の発売が近づくこの時期になると、食道楽の私は楽しみでウキウキするのだが、今年は禎一さんの取材をしていることもあり、ウキウキというよりソワソワしていた。今回の取材記録を書き終わる頃には『ミシュランガイド東京２０１９』の掲載店が発表されているだろう。

そんな時期、当人たちはどんな気持ちで過ごしているのだろうと興味が湧く半面、遅かれ早かれ結果はわかるのだから、今このタイミングでミシュランのことに触れる必要もないのかもしれないなどと、取材に行く前までは考えていた。しかし、禎一さんや二郎さんの顔をみると、やはりそのことに触れずにはいられなくなり、「もうすぐミシュランの発表ですね」と話を振ってしまった。

今年の発表は11月27日で、当日まで星の数はわからないのだそうだ。きっと本はもう刷り上がっているのだろうから、掲載店には事前に連絡があるのだろうと思っていた。「ソワソワした気持ちはないですか？」と私が尋ねると、禎一さんからも二郎さんからも「そんなに気にしてないですね」と、同じ答えが返ってきた。

そして、禎一さんは言った。「これは親父さんも事あるごとに言ってるんだけど、職人の仕事に頂点はないんだよ。てっぺんだと思ったら、まだまだ上がある。終わりのない世界だから。ミシュランは客観的に評価してもらえるひとつの結果だけれども、お客さんは店を選べるし、好みもある。たくさんある店の中から自分の好みの店へ行けばいい。料理人は、自信のあるものを出し続けていくのが仕事。ただただ毎日、きちっと同じようにね。勿論、評価されたことは嬉しい。だけどあまり気にしてはいないよ。てっぺんはもっと先にある、今よりもっと美味しくしてやろうって思いながら仕事をしている」と。

一流の料理人というのは、皆このような気持ちでミシュラン発表の日を迎えるのかもしれない。

２０１１年6月にアメリカで公開されたドキュメンタリー映画「二郎は鮨の夢を見る」は高い評価を得て、２０１３年2月に日本でも公開された。鮨は日本人にとって身近な料理のひとつであるが、その鮨と職人の世界が一本のドキュメンタリー映画になったことで、料理という領域を超えて、日本人の「職人気質」というマインドの部分が世界へ示されたのだ。二郎さんと禎一さんの師弟関係が、親子ということもあって、様々な人たちから注目を浴びることになった。

禎一さんにとって、ミシュランがもたらしてくれたもののひとつに、様々な人たちとの出会いがある。今回の取材では、初めてミシュランで三ツ星をとって以降の話、つまり禎一さんの50歳以降の話を中心に、様々な人たちとの出会いについて語ってもらった。

余談だが、この日、私が禎一さんの取材をしている間、二郎さんは近くのテーブルで、自著『鮨　すきやばし次郎 JIRO GASTORONOMY』『匠　すきやばし次郎 JIRO PHILOSOPHY』にサインをし続けていた。この2種類の本には、タイトルの通り、お鮨を美味しく食べるコツや二郎さんの仕事の哲学が書かれているのだが、店を訪れ、本を購入した人から、「サインしてください」と言われることが多いので、先にサインをして置いてあるのだという。

この日、禎一さんの取材が終わった後、二郎さんにも取材をしたのだが、その際、何冊くらいサインをしたのか聞いてみると、「今日は１００冊です」とのこと。土曜日の昼の営業が終わり、まかないを食べた後の時間を使うこともよくあるそうで、この2種類の本だけでもこれまで1万5千冊はサインをしているという。つけ場に立っている時にサインをくださいと言われてもできないから先に書いておくのだが、「喜んでもらえるから」と二郎さんは話していた。

「日本一愛想のない鮨職人と言われることもある」と、時々ユーモアたっぷりに話をする二郎さんであるが、実は二郎さんは人情派だ。つけ場では確かにいつもピリッとした表情をしているが、仕事を離れるととても優しい表情に変わる。

そして、そういうところも二郎さんと禎一さんはよく似ている。

経営者としての禎一さんの誕生と、二郎さんの変化。

二郎さんは自分の職人人生を振り返った時、「若い時は全部一人でやってきた」とよく言う。そして、「だから今はとても楽ですよ」とも言う。2回目の取材の時、禎一さんは自分が50歳くらいの頃、母親に「最近、お父さん、お前に優しくなったね」と言われたと話していた。

その頃になると、味付けについては「お前の味が俺の好みの味になっている」と信頼され、任せてもらえるようになっていた。

禎一さんが、二郎さんがその頃一番変わったと感じたのは、どういう部分だったのだろうか。

「まず、一番わかりやすく変わったのは口調だね。それまでは命令口調だったのが、相談口調になったこと。例えば、鮨のこと以外でも、常連さんに配るイカ漬けを作る時期が来た時に、以前だったら、この日までにやれ！　という感じだった。それが、こういう味にして、このくらいの日までにやりたいと思うんだけど、どうだ？　できると思うか？　っていう具合になった」

「そもそもそれまで、この日までにやれ！　と言われてきちんとやってきたっていうのも偉いですね」

「そりゃあ、やるよ。親方の指示は絶対だから。でもね、確かに相談しながらじゃないと進められない別の理由もあってね……。最近は本当に海の状態が温暖化や乱獲で変わってきてて、前みたいに欲しいものが欲しい時期に入らないこともあるんだよ。だからそれは、市場の状況を話しながら相談して決めざるを得ないというのもあってね……。だけど、そういうことを除いては、やれと言われたら必ずやる、軍隊みたいだったよ（笑）。それと、親父さんが変わったところといえば、従業員の給料を相談してくれるようになったことだね」

この言葉には驚いた。禎一さんが50歳ということは、二郎さんは84歳だ。人事や経理の仕事については、既に禎一さん主導で行なっていたのだろうと思い込んでいた。

「てことは、それまでは二郎さんが一人で決めていたんですか？」

「そうだよ。そういった意味では、今も相談はしてくれるけど、決めるのは親父さんだよ」

「えー！　それはほんと驚きです。90を超えた今もなんですね」

「そう、今もだよ。ちなみに、俺も親父さんもここ10年くらい上がってないけどね（笑）」

「あら、どうしてですか？　ここ10年といえば、益々予約の取れない繁盛店になったのに……」

「だって、店のキャパが変わってないもの。それに魚の値段が上がってるからコストが上がってるんだよ」

「なるほど、そういうことですか」

「俺たちの仕入れっていうのは、今日はこれが安いから大量に仕入れておこうみたいなことは絶対にできないでしょう。魚は足が早いからね。特にひかりもんなんかは時間が経つと生臭くなるし、その日にしか使えないものが殆どなんだよね。だから、なるべく一日分しか仕入れない。そうするとコストは当然上がるから」

「確かにそうですよね。こんなことを言ってはアレですが、お客さんも味にうるさい人が多いですよね？」

「確かに舌が肥えている人が多い。とにかく仕入れには吟味が必要だよ。親父さんも俺が50歳くらいになってやっと、倅に任せても大丈夫かな、と思い始めたんじゃないかなぁ。それまでは正直心配だったと思う」

「従業員のお給料は、お父さんからどんなふうに相談されるんですか？」

「例えば、○○は最近、一生懸命やってるみたいだけど、どう思う？　そうですね、頑張っていますよ。じゃあ、増やそうか。ボーナスはこうしよう。○○はどうだ？　まだまだですね。そうか、じゃあ今回は据え置きで……みたいな感じで一緒に決めていく。俺たちみたいな小さな店というのは、製造、販売、人事、経理、営業の全てを店主がやらなければいけないからね。そういうことを親父さんはずーっと一人でやってきて、前は相談すらしてくれなかったんだよ。それがだんだんと相談してくれるようになったというのは、少しは認めてくれたのかなぁと思う」

「確かにそれは大きな変化だし、見方を変えれば、仕入れやお餡のことはもう任せられるようになったから、あとは経営的なことだなとお父さんは思って、相談するようになったのかもしれませんね」

「そうかもしれないね。でも俺の給料はいまだにあてがいぶちだよ（笑）」

実際、禎一さんはいつも、自分の給与について二郎さんに金額を言われたら、

「はい、わかりました」の一言で終わるのだそうだ。

経営者として少しずつ二郎さんが禎一さんにバトンタッチをしようとしていたこの頃、禎一さんはAさんと一緒に「次郎インターナショナル株式会社」という会社を立ち上げた。

Aさんは、禎一さんが「すきやばし次郎」で仕事を始める前から店に通っていた常連の女性で、現在60代。つまり、二郎さんともとても古い付き合いになる人だ。

「もしかして二郎さんの愛人とか、禎一さんの年上の彼女とか、そういう関係ですか？」と冗談で尋ねたことがあるのだが、勿論全くそういうことはなく、ビジネス上の信頼関係で繋がっている。

Aさんはどういう人ですか？　と私が尋ねると、禎一さんは「参謀役みたいな人」と答えた。Aさんは様々なことに知識が深く、勉強家でもあり、とても尊敬できる人で、経営者として自分の会社のトップに立ち続けているキャリアウーマンなのだそうだ。

「次郎インターナショナル」では、禎一さんが社長、そしてAさんが副社長となった。

この会社を立ち上げたことで、この頃から急に増えた様々な問い合わせにも少しずつ対応できるようになり、新しいチャレンジへ向けた環境が整っていったという。

嬉しかったあの言葉と日々の反省。

偉大な鮨職人を父に持ち、そんな父親と同じ仕事をしているとなると、父親と比較をされるのは仕方のないことなのかもしれない。偉大な父を持つというのは有難い反面、比較される相手が常に高い壁なのだから、なかなか大変な人生だ。息子の方は、自分のレベルが今どのくらいにあるのかを気にし過ぎていては精神的に参ってしまうだろうし、開き直って気にせずにいたら技術の向上はない。

禎一さんはよく、「どうせやるならてっぺんを目指してやらないと、と思って仕事をしている。でも、この仕事にてっぺん、つまり、これで終わり、ということはないこともよくわかっている」と話す。こういう考え方は、偉大な父と長く仕事をしていくなかで、身をもって感じ、自然に身に付いたことなのだ。

禎一さんは、「今思うとそれは一つの通過点に過ぎなかったのだけれど、50歳の頃に、てっぺんに近づいたかも、と少しだけ感じた」エピソードを語ってくれた。

「ちょうど50歳の頃にね、あるお客さんに言われて嬉しかったことがあってねぇ……」

「何があったんですか？」

「そのお客さんはある会社の営業マンで、前は接待でよくお客さんを連れて来てたんだけど、時代が変わって、接待費を会社が使わなくなっちゃって。でもその人は、うちの鮨が好きだからって言って、2カ月にいっぺんくらいかなぁ、ポケットマネーで来てくれるようになったんだよね。それで、いつもは親父さんが握ってたんだけど、たまたま親父さんがいない日があって、俺が握ったんだよ。そしたらその人が、ひと通り食べた後で急に、お鮨の握り方というのは教わるんですか？　と尋ねてきてね……」

「その人が聞きたくなった気持ち、わかります。私も前にお兄さんの握ったお鮨を食べた時、同じことを思いましたから。きっと、変わらない、って思ったんじゃないですか？」

「そうなんだよ。その人はね、前回の親父さんのお鮨と今回のあなたのお鮨、口の中でのほぐれ具合、大きさ、形、全てにおいて同じように感じます。遜色ないですって言ってくれてさ」

「それは、とても嬉しいですね。その時、お兄さんは何と答えたんですか？」

「教わるっていうことはないんですが、いつも見ていて、だいたい感覚というか、これくらいかなぁという感じで真似ていくんです、って言ったんだけどね。そうやって両方を食べ比べて、客観的に評価してもらうことって殆どないことだから、それで遜色ないって言ってもらえた時は嬉しかったなぁ」

「てっぺんまで来たな！　って感じですか？」

「んー、ちょっと近づいたかも？　んー、まぁそれはないよ。嬉しかったけど、通過点だね。今でも始終、反省することの方が多いからねぇ」

禎一さんは、毎日寝る前に「反省タイム」を設けている。一日の仕事を振り返る時間だ。今日は少しもたついてしまって、お客さんに満足してもらえなかったかもしれないと反省したり、今日はここがうまくいかなかったから、明日はこうしようと改善点を明確にしたり……。今でも全てうまくいったと思う日は少なく、反省することの方が多いのだという。

取材をする度に、禎一さんの表面的な江戸っ子口調のピリッとした雰囲気とは違う、真の謙虚さに驚く。その謙虚さは一体どこからくるものなのか。

「店にはね、ほんとにいろんなお客さんが来る。そんな人たちをみていて感じるのは、自分に余裕がある人ほど謙虚で、腰が低くて優しいんだよね。かっこいい大人だな、真似しなくちゃなって思うよね。それが自分のものになるかならないかはわからないけど、お客さんから学ぶことも多いよ」

心して始めた2つの新しい挑戦。

ミシュランで初めて三ツ星をとった頃から、二郎さんや禎一さんに様々な媒体からの取材依頼が増えていった。しかし実際には日々の仕事が忙しく、中途半端な対応しかできないくらいだったら初めから断った方がいいと思い、依頼を断ることも多かったという。

そんなある日のこと、「次郎インターナショナル株式会社」の副社長であるAさんより、「これだけ有名な店になり、皆さんに評価してもらっている恩返しを、何らかの形でしてみてはどうか」との助言があったのだそうだ。

ちょうどその頃から、日本近海におけるマグロの乱獲が食の問題として取り沙汰されることが多くなってきていた。禎一さんも毎日市場に通いながら、年々いいマグロが少なくなっていること、また明らかにマグロの質が変化していることも感じていた。海洋学の先生や仲買人からは、このまま乱獲が続けば、極端な話、日本の近海にマグロがいなくなるんじゃないかという人まで出てきていた。禎一さんとしては、そうならないために、自分が発言することで何かの役に立つのであれば、という思いからサスティナビリティーへ向けた活動を手伝うようになっていったのだという。

そもそも、日本近海におけるマグロの乱獲はどのようにして行なわれ、何が一番の問題なのであろうか？　禎一さんに尋ねてみた。


「マグロ漁には、大間や壱岐対馬なんかでよくやっている一本釣りと、新潟の佐渡のあたりでやっている定置網漁、そして、和歌山等でやっているはえ縄漁、島根や鳥取の近海でやっている巻き網漁の４種類があるんだけどね、この巻き網漁で産卵前のマグロを大量に獲ってしまうことが原因で、日本近海のマグロが激減していると海洋学の専門家が言ってるんだよ。実際に、大西洋や地中海では巻き網漁を止めたらマグロはどんどん増えてて、日本近海だけがどんどん減ってるんだよ」

「そんなことが起こってるんですね」

「しかも、産卵前のマグロは栄養を卵の方に持っていかれちゃうから身はまずくて、普通なら近海マグロは一キロ数万円はするところを六百円くらいで売られちゃうの。それで、一回の漁で何万本も獲るもんだから、漁港に入りきれなくて保管状態も悪くなり、最終的には加工場で缶詰にするしかない、という悪循環を起こしてるんだよ」

「需要と供給のバランスが完全に崩れてますね」

「そう。それに他の漁には漁獲枠というのがあってね、獲っていい量が決まってるんだけど、なぜか巻き網漁だけは規制がないの」

「それはほんと、おかしいですね」

「でしょう?」

「んー、なんか強い力が働いているような気も……」

「確かにそういうこともあると思う。だから、俺が活動に関わると知った人の中には、心してやりなさい、と言う人もいた」

「心して、ですか。なるほどねー。でもそういう活動というのは、一番身近に危機感を感じていて、かつ知名度のある人がやるのが影響力があっていいと思います」

「やる人がいないっていうのもあるけど、まずは聞く耳を持ってもらわないとどうしようもないからね」

「確かにそうですよね。そういう活動をすることについて、お父さんには相談したんですか?」

「相談はしないけど、親父さんも、いいマグロがなくなるとみんな困るからやった方がいいと言ってる。ほんと、昔では考えられないことが起こってるからね」

たまたま自分が職人として生きている時代にそういう問題との巡り合わせがやってきて、

またここから五十年、百年先の職人たちの前には今とは違った新しい問題が生まれているかもしれないけれど、マグロの乱獲問題について、もしもその時代によい方向へ向かっていたとするならば、自分が発言し、活動した意味がそこにある、と話す禎一さんは、〝心して〟サスティナビリティーについて発信し続けるに違いない。

こういった社会活動以外にも、禎一さんは新しい挑戦を始めていた。

第5回の取材記録でも少し触れたが、「すきやばし次郎」への新店オープンの誘いは、やはりこの頃から急激に増えていった。しかし、自分の目の届かないところに店をつくることはできないと考え、全ての誘いを断っていた。現在もそのポリシーは変わらない。

しかしその一方で、もしも自分が何か新しいことを始めるとするならば、もっと多くの人に「すきやばし次郎」の味を知ってもらえるようなことを、と考えるようになったのだ。ヒントはフランスにあった。ミシュランで初めて三ツ星をとって暫くしてから、フランスの三ツ星店を巡る旅をした時のこと。禎一さんは、フランスの料理店では、店の味を家庭でも手軽に味わってもらえるように、オリジナルのドレッシングなどが多く売られていることを知った。日本でもそういった商品は勿論あるが、その種類や数は日本とは比べものにならないほど多かった。

禎一さんは、ならば、新店は出せないけれど、なかなか店へ来られない人たちに、家庭で「すきやばし次郎」の酢飯の味を味わってもらえるようにオリジナルのすし酢を作ろうと思い立ち、新たな挑戦を始めようと決めたのだった。

日本に戻ると、禎一さんは早速、オリジナルのすし酢を一緒に作ってもらえないかと、いくつかの醸造メーカーに協力を求めた。

「次郎ブランドをもってしたら、すぐに協力メーカーさんは決まったんじゃないですか?」

「いやいや、そんなに甘くないよー。全然うまくいかなくてさぁ、やっぱり会社っていうのは組織でいろいろな考えがあって、新しいことをやるっていうのが難しいところもあるからね。いくつかの会社に話を聞いてもらったんだけど、結局、返事が返ってこない会社もあったくらいだよ」

「それは意外でした。でも諦めなかったから、今の商品があるってことですよね?」

「そう。これはもう、本当に当時のキユーピーの社長に、感謝の一言に尽きるよ」

「どうやってキユーピーの社長さんに出会ったんですか?」

「副社長(Aさん)を介して知り合ったんだけど、うちの鮨を食べてもらったら、素晴らしいと言ってくれて、うちの会社の研究者をよこすから、ぜひ一緒に作りましょう、って言ってくれたんだよ。本当に懐の深い社長だった」

「それはいい出会いでしたねー」

「でもね、そこからがまた大変だったの。研究者泣かせのリクエストを出すもんだから、途中で、それは難しい、できませんよ、ってなりかけたこともあった。結局、出来上がるまで5年くらいかかったんだから（笑）」

「5年もですか！　一体どんな難題を出したんですか？（笑）」

「酢の酸度、いわゆる酸っぱさと、まろやかさ、コクっていうのは相反するものなんだけど、そのバランスが次郎のすし酢は肝で、酸度を高くするのはわりと簡単にできるんだけど、そこにまろやかさがないとダメで、まろやかさっていうのは赤酢にあるんだよね。だけど、赤酢を使うとシャリの色が黒くなる。つまり、それだと銀シャリにならないわけ」

「なかなか難しそうですね」

「そう。酸度が高くてまるみとコクがある酢を作るというのは、俺が思っていた以上に研究者泣かせだった」

「それで5年もかかったんですか」

「そういうこと。できた時に、関わってもらったキユーピーの人たちに鮨を食べてもらってね、あなたたちの作ってくれたすし酢がこんなふうに鮨になりました、って言ったんだけど……」

「それはきっと、皆さん感激しましたよね」

「俺も感激したよ、ほんとに。そしたら皆、今までこんなに美味しいお鮨を食べたことがないって言ってくれて。皆さんにほんと感謝だねー」

この「すきやばし次郎」オリジナルのすし酢だが、本当に店で使っているものと同じなのだそうで、禎一さん曰く、店ではその年のお米の甘みなどとのバランスを考えて少し塩を加えることもあるのだが、家庭ではそのまま使えば手軽に「すきやばし次郎」の酢飯の味をお試しいただける、とのことだ。そして、商品化した今も量産はせず、一本ずつ手詰めしているという。興味がある人は一度味わってみてはいかがだろうか（「すきやばし次郎」のホームページやアマゾンで購入できる。オリジナルのすし酢、ぽん酢、米酢は全てキユーピー株式会社製造）。

このすし酢を作り始める時、二郎さんからは「店の名前を汚さないものを作るように」と、ただ一言だけ言われたのだそうだ。完成までに5年という歳月がかかったのは、この二郎さんの一言が禎一さんの心に強く残っていたからだろう。

映画「二郎は鮨の夢を見る」撮影秘話。

読者の中には、ドキュメンタリー映画「二郎は鮨の夢を見る」を観た人がいるかもしれない（２０１１年６月にアメリカで公開された後、世界中で大ヒット。日本では２０１３年２月に公開された）。

この映画は、二郎さんを軸に、禎一さん、隆士さん、お弟子さんたち、そして「すきやばし次郎」を取り巻くプロフェッショナルな人々を映し出したドキュメンタリー映画で、その構成は勿論のこと、映像と音楽の融合がとても美しく印象的で、鮨職人をまるで芸術家のように描き出し、「すきやばし次郎」の店内にある独特の凛とした空気がそのままに感じられる、本当に見事な作品だ。監督を務めたのは、若きアメリカ人、デヴィッド・ゲルブ氏（撮影当時26歳）。外国人の目線だからこそできた作品であると思う。

この映画をきっかけに、「すきやばし次郎」はアメリカ大統領バラク・オバマ氏をはじめたくさんのハリウッドスターら世界の著名人が訪れる店となったわけであるが、この映画を撮ることになったきっかけと撮影秘話を聞いた。

「そもそもなぜ、デヴィッドさんは『すきやばし次郎』の映画を撮ることになったんですか?」

「最初はね、日本にあるいろいろなお鮨屋さん、それは、うちみたいなカウンターの鮨屋もそうだし、回転寿司とか、お土産寿司とか、とにかくいろんなお鮨屋さんを撮りたいと言っててね。それでうちに食べに来たんだけど、そしたら、他のところはもういいから、ここだけで映画を撮りたいっていう話になったんだよ」

「それで、すぐにオファーがあったんですね?」

「うん。でも初めは、忙しいので撮影にお付き合いできないです、と言って断ったのよ。だって、映画一本の撮影って、よくわからないけど、すごく時間がかかりそうでしょう? それに、初めは正直、ボンボンの遊びかな? って思ったんだよね(笑)」

「デヴィッドさんてボンボンなんですか?」

「なんでも、お父さんはニューヨークのオペラハウスの館長で、お祖父さんはニューヨーク・タイムズの論説委員と言っててさ、まだ26歳だっていうし、あー、なんか学芸会の出し物か何かで使うのかなーって思ってね(笑)」

「まぁ、確かにそう思うかもしれませんねぇ(笑)。実際に映画を観ると、かなりの期間撮影されてましたよね?」

「そうだね。トータルで6カ月間撮ってたんだけど、最初の3カ月は冬場で、後半の3カ月は夏場だった」

「へー、6カ月も。なぜOKを出したんですか?」

「まず、店の方は撮らないということと、仕事の邪魔にならないように、お勝手に固定のカメラを設置して撮りますということになり、それならばいいですよとOKを出したんだよ」

「そうだったんですねー」

「それで実際に撮影が始まると、デヴィッドの最初の印象がどんどん変わっていってね、朝カメラを設置して、昼頃にテープを交換しにきて、昼の営業が終わる頃にまた来るんだけど、とにかく礼儀正しくて、挨拶もきちっとするし、とにかく日本人以上に日本のしきたりを守るっていうのかなぁ……。通訳さんも本当に素晴らしい人で、デヴィッドに日本のマナーを全部教えてたんだよ」

「そうだったんですね。お父さんはどんな感じだったんですか?」

「親父さんも最初は、邪魔くさいから映画なんて撮らなくていい、ガキの遊びに付き合っていられないよ、って感じだったんだけど、デヴィッドがへこたれずに一生懸命やってるのがわかってきてから、その気持ちを汲んで段々と気に入ってね……」

「お父さんってそういう人ですよね」

「そうそう。親父さんは一生懸命コツコツ頑張ってる人が好きなのよ。店に営業の人が突然訪ねてくることとかあるでしょう。勿論最初は断るんだけど、これでもかー、これでもかーって何度も何度も来てるうちに、あいつ頑張ってるなぁ、使ってみるか、となることもある」

ちなみに「すきやばし次郎」で出されるビールはサッポロの瓶ビールなのだが、そうなったのもサッポロビールの営業マンがとても熱心で、何度断られても足繁く通ってきていたある日、二郎さんが「サッポロに変えてやれ！」となったのだそうだ。

「親父さんは、自分が雇われの時に意を汲み取ってもらえないことが多かったから、汲み取ってもらえた時の嬉しさをよく知ってるんだと思うよ。だから、デヴィッドが一生懸命頑張ってるってわかったら、自分からよく声をかけてた」

「どんなふうに声をかけるんですか？」

「だいたい、昼の営業終わりのまかないの時間に顔を合わせるんだけど、昼飯食ったか？まだだったら食ってけ、とかね。よく一緒に食べてたよ。それでね、実は冬の3カ月で撮影は終わって、夏はないはずだったんだよ。でも親父さんが呼んだんだ」

「えー、そうだったんですか」

「そう。3カ月の撮影が終わって、これで帰ります、ってデヴィッドが挨拶に来たんだけど、その時に、築地の競りの撮影許可がおりなくて撮れなかったのが心残りです、って言っててね。そしたら親父さんが、今度は夏に来いよ、夏は夏でまた魚が違うからって。それで夏も撮影することになって、競りの撮影もできたんだよ」

「へー。確かに、あの競りのシーンがあることで映画としての深みが増してるし、なんと言うか、あれは外国人にとっては本当に珍しい光景だと思いますよ。日本人の私でさえ、ちょっと異様な雰囲気というか、独特な世界だなぁと感じますから」

「日本人が撮ると、職人とは何ぞや？　みたいなことを描きがちなんだけど、デヴィッドの、あのさらっとした見せ方がきっとよかったんだろうね」

撮影が終わって約1年後に映画が完成し、上映のスタートはニューヨークにある小さな2つの映画館からだった。それがたちまち話題を呼び、ヨーロッパ、オーストラリアなど、世界中に広がっていったのだ。

後に国際線の機内でもある期間配信され、多くの人が観る機会に恵まれたこともあり、映画を撮って3年後くらいから店を訪れる外国人が増えていった。

デヴィッドさんとは現在も親しい付き合いが続いているという。

「デヴィッドがこの間来たんだけどさ、なんか今度は、日本中のラーメンを撮影してて、ラーメンばっかり食べてるから、すげー太ってたよ（笑）。どんな映画になるんだろうね、楽しみだよ」

禎一さんが語った「鮨屋」と「ディズニーランド」の共通点。

「すきやばし次郎」の店内、テーブル席の横の壁に、季節毎に違う一枚の絵画がいつも飾られている。しかし、一年のうちである期間だけ飾られる、全く季節感のない絵画が一枚だけある。裏を返せば、それはどの季節に飾ってもその空間にとてもしっくりと馴染む絵画なのだ。

そしてそれは、世界にたった一枚しかない貴重な作品だ。

その一枚の絵画にまつわるエピソードに触れることにしよう。

映画「二郎は鮨の夢を見る」がアメリカで公開され、次第に世界中に広がり話題を呼んでいた頃のこと。ウォルト・ディズニー・カンパニーの当時の会長、社長、二人の副社長、通訳の5人が、初めて「すきやばし次郎」に来店した。その時の印象を、禎一さんはこう話してくれた。

「みんな、とてもにこやかで礼儀正しくて、本当に格好良くてねぇ。通訳さんが一緒だったから、独特のアメリカンジョークも訳してくれて、話してる内容もわかったんだけど、ジェントルマンって感じだった。頭の回転がすごく速くてさぁ、頭がいいんだろうなーって思ったよ。ディズニーっていうのはこういう人たちが動かしてるんだなぁ、さすがだなぁって印象だった」

「そうだったんですねー。ウォルト・ディズニー社の方たちからプレゼントされた〝あの絵〟のことについてお聞きしたいんですが……」

「あの絵はね、最初の時じゃなくて、2回目の時に、〝尊敬するお二人へ感謝を込めて〟と言って持って来てくれたんだよ」

そうなのだ。〝あの絵〟というのは「すきやばし次郎」の店内が描かれた絵画で、つけ場でお鮨を握る二郎さんと禎一さん、そして、カウンター席にはなんと、ミッキーマウス、ミニーマウス、ドナルドダック、グーフィーが座り、目の前に並んだお鮨を、嬉しそうでもあり少し驚いたようでもある、なんともいえない独特の可愛い表情で、待ってましたとばかりに眺めている、ふんわりとした優しい色使いの絵画なのだ。

そのなんとも言えない色使いの優しさが、お店の和の空間にも違和感なく溶け込んでいて、店を訪れた人たちの話題にのぼることも多いという。それもそのはずだ。ディズニーのキャラクターと、二郎さん、禎一さんが共演している絵を目の前にしたら、誰でもその所以を知りたくなるに違いない。

「尊敬するお二人へ、ですか?」

「そうなんだよ。初めて来てくれた時にね、ディズニーの幹部の人たち200人を集めて『二郎は鮨の夢を見る』をみせたっていう話を聞いたんだよ。本当は15万人いる社員全員にみせたいくらいなんだけど、それはできないから、幹部の200人だけ集めて会議室みたいなところでみたって言うんだよ。日本にはこういうポリシーを持った鮨屋があって、これから先のディズニーのために、こういう職人という生き方、考え方を知っておいて損はないだろうということでみせたらしいんだけど、それがみんなにとっても評判がよかったっていう話でね……」

「それってほんと、すごいことじゃないですか」

「正直、その話を聞いてびっくりしたよ。ディズニーの人たちが言うには、毎日同じことを同じようにやるのはとても大変なことだ。でも、それをやらないとお客さんは納得してくれない。何十年も同じことをやり続けることの大切さを映画から学びましたって。毎日コツコツ、コツコツ、飯の上に魚がのっかってるだけなのにすごいって（笑）」

「表現がなんか外国人っぽくて面白いですね」

「だよね（笑）。そして、ディズニーでもそういうことはとても大事なことで、職人がお客さんに喜んでもらえるように、魚を一匹ずつ吟味して、御酢に漬けたり、煮たり、焼いたり、工夫しているのと、根本は同じですって言うんだよ」

「そんなふうに言ってもらえて嬉しいですね。日本の食文化を認めてもらえたような気がします」


その時、禎一さんは、「食べ物」や「料理」の根本について、自分の思いを話したのだそうだ。

「俺はその時、食べ物っていうのは一番簡単に人を笑顔にできるものだと思う、っていう話をしたんだよ。美味しいものを食べると自然に笑顔になるし、面白くないことがあった時でも、美味しいものを食べると幸せな気持ちになれる。そして、次にまた食べたくなって、好きな人、それは恋人や家族だったり、お世話になった人だったり、大切な人に食べさせたくなる。それが食べ物のすごいところだと思うってね……。ディズニーランドに遊びに来た人が、帰る時に、また来ようね！って言うのと、美味しいものを食べた後に、また食べたいねー！って言うのは、もしかしたら同じ終着点ということなのかもしれませんね、って言ったら、ディズニーの人たちも、まさにその通りです、と言ってくれて……」

「いやほんと、その通りですよ」

「それで意気投合して、最後に会長の提案で記念撮影をしましょうってなったんだけど、その写真をもとにあの絵を描いてくれたみたいなんだよ」

ディズニーのキャラクターと実在の人物が一枚の絵の中に収まった作品というのは、過去にチャールズ・チャップリンとマリリン・モンローの二人しかいないのだそうだ。ディズニー社の、二郎さんや禎一さん、そして日本の職人に対する親しみと尊敬の念がうかがえる。

◉第6回取材のこぼれ話①
二郎さんが語る、隆士さんが二郎さんの握るお鮨を食べたあの日のこと

この取材の日、禎一さんの取材が終わった後、二郎さんの話を聞かせてもらった。私はまず、禎一さんの弟、隆士さんが、二郎さんの握ったお鮨を食べさせてくださいと懇願し、たった一度だけ許された〝あの日〟のことについて質問した。

「隆士さんが、お父さんの握ったお鮨を一度でいいから食べさせてくださいとお願いしてここに来た時、どんな気持ちでしたか？」

「食べたって、別に味は変わらないんだけどね」

第一声、にこにこと笑いながら、いたずらっぽくそう言った二郎さん。私としては、とても意外な言葉が返ってきたことに少し拍子抜けしてしまうくらいだった。

そして、二郎さんはこう続けた。

「勉強したいっていうことだったんですが、きっと、私の握りの形、口に入れた時の感じ、大きさ、硬さ、やわらかさを食べて覚えようと思ったんでしょう。私の握りはね、だいたい少しやわらかいんですよ。仕込みは毎朝ずっと一緒にやってきたから大丈夫ですが、親方がどういう姿勢でどういう握り方をしているのか、横からみてるこ

とはあっても正面からみることはないですから、それを一度みてみたいって思ったんじゃないですか」

「きっとそうですね。そして、いろいろ質問もしたかったでしょうし、技を盗もうと思って来たと思うんですが、普通に他のお客さんもいる時だったそうで、ものの15分くらいで食べ終わって帰っていかれたそうですね」

「お客様と同じように食べないとわからないし、いちいち私に質問しても、勝手にしろって言われるから、そういう態度をみせないで、とにかく黙って一回食べて、ということだったんだろうと思います」

やはり二郎さんは、隆士さんのその時の気持ちがわかっていたのだ。

「帰り際に、一生忘れません、と隆士さんがおっしゃったようなのですが、それは覚えていますか?」

「覚えてないです」

にこにこと笑いながら答える二郎さん。本当に覚えていないのだろうか? 私には二郎さんの表情から読み取ることはできなかった。

二郎さんは隆士さんについて話し始めた。

「隆士の場合は小学校のうちから鮨屋になると言っていたんです。だから高校も行かないと言ったんですけど、職人でも高校までは行きなさいと言って行かせたんです。これまでたくさんの弟子を育ててきましたけど、最初から一番真剣に飛び込んで来たのは隆士かもしれません。隆士は今でも、親父の腕までいかないといけない、一番怖いのは親父だって人に言ってるみたいです」

「お兄さんもそうおっしゃってますよ」

「そうですか。私は息子に甘いと思われてはいけないと思って、外から入ってきた弟子たちよりも二人には厳しくしたんです。強く、厳しく仕込みました。難しいことはいつまでも、できるまでやらせました。私もそうやって仕事を覚えてきましたし、それが信条だから。多分それが、いまだにこたえているんだと思います」

「その厳しさがあったから、今のお二人があるんですね。それから、六本木の店を開く時、隆士さんに、戻ってくるところはないぞってお父さんは言ったそうですね」

「言いました。独立してうまくいかなくても帰ってくるところはない。絶対にここへは入れないよ。ダメだったら自分で勝手に働くところを探せ。そう言いました」

「厳しいですね……」

「だってそうでしょう、今度は自分が次に入ってくる弟子たちを教えないといけない立場になるんだから、覚悟がないとできませんよ」

こうして二郎さんは、独立という片道切符を隆士さんに渡したのだ。

「六本木の店は、場所は決してよくはないですよ。離れ小島みたいなところですから。だけど、そんな離れ小島をいいところにしようと思って一生懸命頑張ったから今があると思います」

おそらく、こういう褒め言葉を隆士さんが聞くことはめったにないだろう。私は、この二郎さんの言葉を、必ず隆士さんに届けたいと思った。

◉第6回取材のこぼれ話②　銀座で一番きれいな「塚本総業ビル」のおはなし

第6回の取材記録の執筆を終えようとしている今日は2018年11月29日、木曜日。『ミシュランガイド東京2019』の掲載店が発表になったのは、2日前の27日だった。

そして、「すきやばし次郎」は今年も三ツ星を獲得した。これで12年連続の三ツ星となった。

さて、ミシュラン三ツ星の店といえば、その店構えも豪華なところが殆どだ。

初めて「すきやばし次郎」がミシュランで三ツ星をとった時、「うちなんて、お店の中にトイレもないような小さな店なのに、よく星をくれましたよね」と二郎さんが言っていたのをよく覚えている。

「すきやばし次郎」の入っている「塚本総業ビル」は、築年数が58年という銀座でもかなり古いビルで、１９６５年（昭和40年）に二郎さんが独立してからでも既に53年もの月日が流れている。

そんなに古いビルに入っているんだと驚く人もいるかもしれない。しかし、もっと驚くべきは、そんなに古いビルなのにネズミやアブラムシが一匹も、本当に一匹もいないことだ。これは二郎さんが言っているだけでなく、数年前に内装工事に入った業者の人も驚いていたことで、普通、特に都会の飲食店であれば内装工事をするとネズミやアブラムシは必ず出てくるものだが、「すきやばし次郎」についてはそれがなかったのだという。

その理由について、二郎さんはこう話してくれた。

「有難いことに、うちの店の休みに合わせて、年二回、全館一斉に消毒をしてくれるんですよ。全館一斉にやらないと意味がないんです。その時だけ他へ逃げちゃって、終わるとまた戻ってきますから。だからいつも、次郎さんはいつお休みですかって塚本ビルの人が訪ねてきてくれて、消毒の日を一緒に決めてもらってるんです」
「そうなんですね。ここは地下ですし、地下鉄はすぐそこですし、銀座ですしねぇ。正直、地下鉄のホームやなんかで何回もネズミをみたことがありますよ。まぁ、仕方ないなぁって思いますけど、そんな場所にあって、一匹もいないって本当にすごいと思います」
「私も50年以上ここにいますけど、本当に店で遭遇したことが一度もないんですから、すごいでしょう」

二郎さんは、「塚本総業ビル」は、銀座の中で一番清潔なビルかもしれませんと言っていた。思うに、ビルもそうだが「すきやばし次郎」は銀座で一番清潔なお店と言っても過言ではないと思う。なにしろ、魚を扱っているとは思えないくらい生臭さというものを感じたことがないし、お鮨屋さんと思えないくらい、店内に酢の香りさえしないのだから。

私は今年（２０１８年）の7月から取材を始めて、その理由に気付いた。これは、食べに行くだけでは決してわからなかったことだ。それは、そこで働く人たちの、毎日の丁寧な掃除である。

土曜日のお昼の営業が終わった時間、つまり取材中だが、「今日は大掃除の日ですか？」と聞いてしまうくらい、とにかくお店やお勝手を隅々まで徹底的にお弟子さんたちが掃除しているのだ。聞けば、それは毎日のことだという。

二郎さんは7歳で日本料理店へ住み込みの奉公へ出てから、毎朝早く起きて、一人で店中を掃除してから学校へ行っていた。わずか7歳の頃からだ。そして、今は弟子たちがやっているが、それは二郎さん自身、自分の店を持ってからもずっとやってきたことであり、掃除の仕方ひとつとってみても、親方から弟子へと、その丁寧なやり方が引き継がれているのだ。

「これまで仕事をしてきて、苦しいなーと思ったことがないんです。あたり前だと思ってやってきましたから」

これは二郎さんの言葉だ。

今の時代を生きる人たちが皆、この二郎さんの言葉に共感するとは思わない。でも、私はこの言葉を心の片隅にいつも置いておきたいと思っている。

第7回　取材記録（2018年12月8日・土曜日）

7回目の取材は、2018年12月8日、土曜日に行なった。この日は、『ミシュランガイド東京2019』の発表後としては初めての取材となった。前回は発表前でソワソワしていたが、今回も三ツ星をとることができ、この日は少しほっとした気持ちで訪れることとなった。

定刻の午後2時少し前に到着すると、そこにはいつもと変わらない空気が流れていた。お昼の営業を済ませ、ちょうどまかないの時間が終わりかけた頃で、いつも通り、掃除の時間に入るタイミングだった。

「すきやばし次郎」へ行き、そこで働く人たちの姿に触れると、時間の流れがとてもきちんとしていて、なぜだかとても安心する。私自身の生活がそこで一度リセットされたような、そんな気持ちになるのだ。

こういう感覚は、「すきやばし次郎」のお鮨が好きな人であれば、必ず感じる感覚のような気がしてならない。あの扉を開けると、なんともいえない、人を浄化するような時間と空気が流れているように思うのだ。そして、それは間違いなく、そこで働く人たち一人ひとりから発せられた〝気〟のようなものが源となっている。

私は禎一さんといつものテーブル越しに向き合うと、開口一番、「三ツ星、おめでとうございます」と話を始めた。「ありがとうございます」と言う禎一さんの表情は嬉しそうではあるが、まだ10日ほど前のことなのにもう随分過去の話になってしまったような、そんな雰囲気が感じられた。既にいつもと変わらない日常が流れているのだ。

「よくニュースになる、ミシュランのパーティー会場でステージに上がって表彰されるのは、三ツ星のお店だけなんですか？」

「ステージに上がるのはね、新しく星をとったお店と、一ツ星から二ツ星に上がったお店、そして三ツ星のお店だよ。受賞パーティーへの招待状は、本に掲載される全部のお店に来る。その他に招待されるのは、タイヤ関係の会社、料理関係者、あとはマスコミの人たちもたくさん来てるなぁ……」

「なるほど、そうなんですね。グルメ本なだけに、会場では何か美味しい料理が出るんですか？」

「いやいや、お水とシャンパンとマカロンだけ（笑）」

「あら、それは意外です。もっと豪華なのかと思ってました。会場ではどなたかと話したりするんですか？」

「そうだねぇ、ざわざわしてて殆ど挨拶くらいしかできないんだけど、カンテサンスの岸田君と龍吟の山本さん、それと、まき村さんくらいかなぁ……」

「会場には弟さんもいらっしゃるんですよね？」

「うん。弟も来てて、一緒にいるよ。あとは、増田ね」

「青山のます田さんですね。ます田さんも、銀座の青空《はるたか》さんも、次郎の出身で二ツ星ですもんね。さすがですね」

「増田は今度、銀座のペニンシュラホテルにも店を出すんだよ」

「増田さんは確か、京都のフォーシーズンズホテルにも出されていますよね？」

「そうなんだよ。京都でペニンシュラホテルのオーナーが食べたみたいで、すごく美味しいから、銀座のペニンシュラにも出店して欲しいという話になったたって言ってたよ」

「そうなんですかー」

「増田んとこは、25人も人を雇ってるんだって。お前、大丈夫かぁ？　って言ったら、大丈夫でしょう、って言ってたよ（笑）。みんなほんと、それぞれに頑張ってるよ」

東京には名店と呼ばれる料理店がたくさんあり、有名な鮨屋も多い。勿論、味の好みは人によって違うが、次郎流の鮨には確かに一食の価値がある。それはなぜかと問われると、迷いなく私はこう答える、「本物の味がするから」と。

オバマ大統領が来店した時のおはなし。

食に興味がない人であっても、バラク・オバマアメリカ合衆国大統領来店のニュースがきっかけで「すきやばし次郎」の名を知った人は多いことだろう。一国の大統領が日本を訪れ、迎賓館以外の場所で食事をする機会はとても少ないようで、それは大きなニュースとして扱われた。

映画「二郎は鮨の夢を見る」が世界中で公開されてからというもの、お鮨や「すきやばし次郎」に興味を持つ人が増え、海外から著名人が店を訪れるようになった。

オバマ氏もその一人で、アメリカでこのドキュメンタリー映画を観て、ぜひ訪れてみたいと思い、公人としては珍しく、自身の希望で急遽スケジュールが組まれることとなったのだった。

その時、受け入れる側ではどんなことが起こっていたのだろうか？　禎一さんは、あれはなかなかできない貴重な経験だったと全てを語ってくれた。

「最初、どんなふうに連絡があったんですか？」

「オバマさんが来たのは、２０１４年の4月23日だったんだけど、ちょうどその一週間前、4月16日の夜、店に電話が入ってね……。しかも、夜の営業も終わってて、結構遅い時間でね、ナンバーディスプレイの表示が携帯からだったもんだから、『首相官邸です』って言われても、正直、いたずらかもしれないって、半信半疑でさ（笑）」

「確かに、携帯からだとそう思うかもしれないですね（笑）」

「でしょう？　しかも、電話の相手は、オバマさんが来たいと言っているので、4月23日の19時から20名の貸切でお願いします、って言うんだけど、20名は無理だし、その日は既に予約でいっぱいだったから、一度断って電話を切っちゃったんだよ。そしたら10分後くらいにまたかかってきて、それじゃあ20時からなんとかならないかって言われて、それならなんとかなるかもしれないけど、人数は多くても8名までしか無理ですよ、と言ったら、じゃあ20時からキープしてください、詳しいことは明日、外務省から電話させるからってことで、その日は終わったんだよ」

「へー。その電話だけだとちょっと信じ難いですよね……。それで、お父さんにはいつ報告したんですか？」

「電話があった時、親父さんはもう帰った後だったから、その日、家に帰ってから報告したんだけど、親父さんにも、さっきこんな電話があったんですが、いたずら電話かもしれませんって、言ったくらいだったのよ。だから親父さんも、そうかって感じで、あんまり気にしてなかったと思うんだよね……」

「それで、本当に翌日、外務省から電話があったんですね？」

「そう。翌日の朝、電話があって、総理とオバマ大統領がそちらで4月23日の20時から食事をするということで、昨日予約を入れてあると思うんですけど、って言われて、思わず、え？　それ決まりですか？　って聞いちゃったよ。そしたら、決まりです、って。いたずらじゃなかった（笑）。そこからがすごいスピード対応で驚いたんだけど、その日の昼の営業が終わると同時に、首相官邸の人たち、外務省、公安局、警視庁、築地警察、アメリカ大使館、ホワイトハウス、シークレットサービスの人たちが総勢30名くらいで挨拶に来たんだよ」

「それはきっと、めちゃくちゃ物々しい雰囲気になりましたよねぇ（笑）」

「そうなんだよー。それで、周りのお店の人たちに、大丈夫ですか？　何かあったんですか？　って言われたんだけど、他言しちゃダメって言われてたから、その日はなんとかごまかしたんだけどね。でも、それから当日まで毎日、朝、昼、晩と交代でずーっと、下見というか、いろんな人がやってきてね、店のチェックやら警備をしてるもんだから、途中から周りのお店の人たちに、おかしいでしょうって言われるようになっちゃってね。言えないのよーって言ってたんだけど、3日目くらいだったかなぁ、もう黙ってられませんから、大家さんと同じフロアにあるテナントさんにはちゃんと話をしてくださいってお願いしたんだよ」

「そうなりますよねぇ」

「本当にすごい警備体制だったからねぇ。警視庁のシェパードと米軍のシェパードまで来て、店中をチェックしてたよ。米軍のシェパードがびっくりするくらいでっかくてさぁ、日本の警視庁の犬が子犬にみえるくらいだったなぁ。犬だけじゃなくて、アメリカのシークレットサービスの人たちの身体もすごいのよ。みんなプロレスラーみたいな感じでさぁ、すごい迫力だった」

「そりゃあ、隠せるわけがないですね（笑）」

そんな一週間が続いて迎えた当日。その日はまず、15時以降は誰も店の外に出てはいけないという指示が出て、全員が店に缶詰状態になり、夜の営業までいつも通り済ませたのだが、仕込みの時間からずっとお勝手にはホワイトハウスのシェフが入り、全ての食材をチェックしていたという。

仕込み中は結構リラックスした雰囲気で、禎一さんがシェフに「試食はしないのか?」と尋ね、「試食はしなくていい」とシェフが答えたのを聞いたアメリカのシークレットサービスの人たちが「私たちが試食したい!」と言って盛り上がるなど、和気あいあいとした雰囲気に包まれるひと幕もあったという。

それまでの一週間ですっかり皆と顔見知りになり、禎一さんは親しく会話をするようになっていた。通訳を通して会話をしていたのだが、皆やはり映画を観ていて、二郎さんと一緒に写真を撮らせて欲しいと頼まれるなど、終始、興味津々の様子だったようだ。

一方の二郎さんといえば、普段通り自分のペースで過ごしていたが、さすがに当日になると少し緊張した様子で、改めて禎一さんと段取りを確かめ合い、粗相のないようにしなくちゃな、と目配り、気配りに余念がなかった。

禎一さんのすごいところはこういう時の対応力で、どんな状況であっても、全くと言っていいほど緊張したりあがってしまったりすることはないのだそうだ。例えば、講演やデモンストレーションで登壇する時なども、全く緊張しないという。昔からそうなのかと尋ねると、決してそうではなく、仕事を任されるようになり、自分の仕事に少しずつ自信が持てるようになるにつれて、次第にあがり症もなくなっていったのだという。

オバマ氏は日本へ到着すると、その足でアメリカ大使館へ向かい、「すきやばし次郎」の予約時間である20時まで、僅か1時間ほどの時間調整をし、すぐに来店した。時差ボケはなかったのだろうかと思ってしまうが、過密なスケジュールになったのも、オバマ氏自身が一週間前になって急遽、「すきやばし次郎」の鮨を食べたいと言い出したからなのかもしれない。

来店時間が近づくと、銀座の路上、数寄屋橋交差点周辺に警備体制が敷かれた。機動隊員の数はなんと200名以上にのぼり、「すきやばし次郎」が入っている塚本ビルの地下の本当に狭いスペースには、SPなどを合わせると80名以上が待機していた。オバマ氏が来店するという情報はすっかり出回っており、禎一さんが河岸に行く早朝から、既にたくさんの記者がビルの裏口付近に張り付いていたという。

二郎さんと禎一さんにとっては、特別な日でありながら、〝いつも通りの仕事〟をすればいい日でもあった。

19時30分頃、初めに店に入ったのは、安倍晋三総理とその秘書官、そして外務省の役人だった。安倍総理は入店するとすぐ、禎一さんに「おたくは予約が取れないから……」と声をかけたという。一週間前にいたずらかと疑ってしまうような突然の電話から始まり、あれよあれよと段取りをして、この日は特別に20時から貸切営業をする運びになったのだ。通常なら予約で一杯ですと断って終わりになるところなのだから、安倍総理のこの言葉は無理もない。

そしていよいよ20時近くになり、オバマ氏が現れた。店の入口付近で出迎えた安倍総理と、にこやかに入店するオバマ氏に激しくフラッシュがたかれ、二人はそれに応えた後、店の扉が静かに閉められた。ひとたび扉を閉じてしまえば、そこはいつもの「すきやばし次郎」の凛とした空間だった。

席の配置は次の通り。

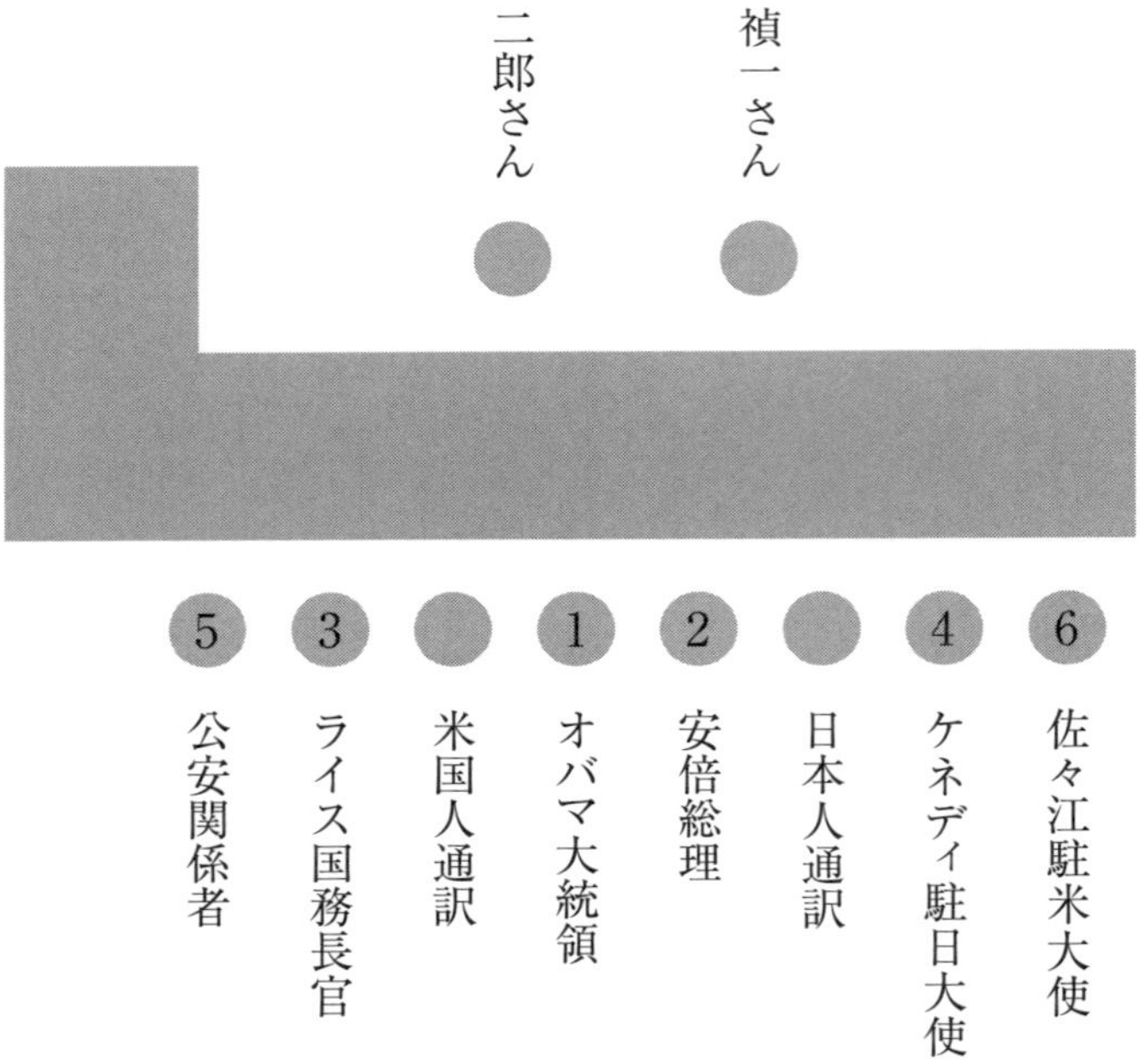

●の中の番号は、鮨がサービスされた順番。

皆が席に着いたところで、会食はスタートした。二郎さんと禎一さんはいつも通り、自分たちの仕事を始めた。

私が興味を持ったのは、お鮨がサービスされた順番だ。席の配置図を見てもらうとわかるのだが、主役の二人である、オバマ大統領が1番、安倍総理が2番というのは理解できる。しかし、そこから先の順番が、席の上下に関係なく、不規則にサービスされている。

「お兄さん、握ったお鮨を置く順番は、先に何か指示があったんですか？」

「そういう指示は何もなかったんだよ。つけ場に立ったら、ご自由にどうぞ、という感じだった。だから、こちらで勝手に決めて、いつも通りに進めていった」

「いつも通り？」

「そう。いつも通り、レディーファーストだよ。ライスさんとケネディさんは女性だからね」

「そういうことだったのか！　心得てますね」

「外国人のお客さんが多くなった頃から、なんとなく自然にそうするようになっていったんだけど……、親父さんも俺もいつもそうだね」

客人がどんなメンバーであっても、基本的にはいつも通りの仕事だった。しかし今回、いつもと勝手が違うことがひとつだけあった。ペースだ。いつもであれば、だいたい20貫を30分くらいで食べ終わるのだが、この時は約2時間かけて進んでいった。

オバマ大統領と安倍総理はお鮨を食べながら、当時話題であったＴＰＰ（環太平洋経済連携協定）や中国問題について活発な議論を交わしていたという。禎一さんは、そのような席に初めて居合わせることになったわけであり、ただ食事を楽しむだけの時間だと思っていたので、こういう会食の席で政治的な議論が行なわれることに少し驚いたという。

オバマ大統領と安倍総理はそんなふうにして、議論の合間にゆっくりとしたペースでお鮨を食べていたが、その間、同席していた他の人たちは殆ど口を開くことはなかった。しかし、二人より先に手をつけることもできないだろうと配慮し、皆に同じペースで握っていったという。もしかすると、お二人以外の人たちは、少し待ち遠しい感じもあったかもしれない。

後日、オバマ氏は殆どお鮨を食べなかったと噂をする人もいた。実際にはどうだったのだろうか？　禎一さんに聞いた。

「オバマさんは、殆ど全部食べたよ。お鮨がとても好きみたいだった。最後の方の、うにとあなごは時間がなくて食べれなかったんだけど、中トロを食べた時なんかは、よっぽど美味しかったのか、うーん、旨い、という表情を浮かべて、俺の方をみてウィンクしてたよ」

「そうだったんですね。とてもいい表情をしてそうですねぇ。オバマさんのウィンクってなんか想像がつきますよ」

「柔らかな笑顔がいいよね。最後に店を出る時にね、要人も周りにたくさんいるし、俺たちから話しかけられる雰囲気も全くなくて、このまま見送りだなーって思ってたら、オバマさんの方から記念写真を撮りましょうって気さくに声をかけてくれたんだよ。ほんと、いい記念になったよ」

その日は23時頃まで、店の周辺にたくさんの記者がいて、二郎さんの姿をとらえ声を拾おうと待機していたのだが、二郎さんはそんなこともあまり気にせず、仕事が終わるといつも通り地下鉄丸ノ内線に乗って帰ろうとした。しかし、店を出て地下鉄乗り場の方へ降りかけたところで記者に囲まれてしまい、大変な思いをしたそうで、慌てていったん店に戻り、タクシーを呼んで帰ったという。

私などからすると、年齢的なこともあるし、二郎さん一人では危ないので、そんな時くらいは誰か付き添っていて欲しいと思うのだが、二郎さん自身が望まないのかもしれない。

余談だが、つい先日も二郎さんはこんなことを言っていた。

「かかりつけの先生が、どこかに行く時には必ず誰かが付き添うようにしてくださいね、って言うんですけどね、この間、静岡の整体に通うのに、付き添いも兼ねて自分も受けてみたいっていう知り合いと一緒に行ったら、その人が、付き添うっていうより自分が連れて行かれてるみたいだったたって言ってましたよ」

禎一さんは、オバマ氏が来店した時のことを〝いい記念になった〟と言った。準備が大変だったことを想像すると、禎一さんの本音のところはどうなんだろうと思い、「またこんな話が来たら、やってもいいと思いますか?」と尋ねてみた。

「思うよ。なかなか経験できない日だったからね。オバマさんはすごくお鮨が好きみたいだったから、今度はプライベートで来てくれたらいいのにね。それにしてもほんと、人生って想像もしていないことが起きるもんだよ」

食いしん坊のお友達——禎一さん流友達のつくり方。

取材を始めた最初の頃から、禎一さんは「料理人は食いし坊じゃないとダメだ」とよく言っていた。これは師匠の丸氏からの教えでもあったらしいが、禎一さんも二郎さんも本当に食いしん坊で、美味しいものを食べることが大好きだ。そして、そういう料理人たちは、料理のジャンルを問わず、美味しい店をよく知っているので、私はよくおすすめの店を教えてもらうことがある。そして、訪ねてみると、確かにどこも美味しくて外れがない。

ここで少し自分のことを書かせてもらうことにしよう。私と両親は、10年ほど前、東銀座にある日本料理の名店「井雪」へ、初めて3人で行く機会に恵まれた。

そもそも「井雪」へ行ったのは、現在、日本料理の世界で知らない人はいないであろう、新橋の「京味」の店主である西健一郎氏に、「弟子が東銀座で店をやっているので、行ってみてください」と紹介してもらったのがきっかけだった。

「京味」の料理が素晴らしいのは言うまでもないが、店主の西氏はとてもユーモアに溢れた人で、愛のある独特な表現で店を卒業した弟子たちを応援している。私たち家族に「井雪」について話す時も、「あそこはね、嫁がいいからね」と、料理よりも女将さんのことをよく褒める。料理は食べたらすぐに本物であるとわかるから、敢えて言う必要もないということなのかもしれない。

そうして訪れた「井雪」だったが、「京味」の流れを汲みながら、そこに独自の新しさや巧みさが加わり、食べることで幸せを感じられる日本料理を堪能することになった。一度行って、すっかりファンになってしまった。

後日、母が二郎さんたちに、「東銀座に井雪っていう京味のお弟子さんの店があるんだけど、すごく美味しいから行ってみるといいですよ」と話をしたのがきっかけで、二郎さんも禎一さんもすぐにお気に入りの店となった。そして今では、「井雪」のご主人と禎一さんは親友という仲なのだ。

「お兄さんと井雪さんってすごく親しいですけど、お兄さんが友達になってくださいってお願いしたというのは本当ですか？」

「本当だよ。初めて行った時にね、ほんと、美味しいなーって、思ってさ。通ってるうちに、すごく感じのいい人だなーって思って、友達になってくださいって言ったんだよ。でも、めっそうもないって、何回も断られたんだけどね（笑）」

「わかります、井雪さんのその気持ち（笑）。大人になって、友達になってくださいってなかなか言われないですし、お兄さんの方が歳も随分上ですよね？」

「歳は俺が8歳上だね。そう？　変かな？　俺は、友達になってくださいって言うよ」

「素直ですよね、そういうところ。それで、何回も断られて、どうやってお友達になったんですか？」

「食事に行きましょうって誘ってね、日曜日の昼に外で会ったんだけど、食事しながら世間話やら、料理の話ですごく盛り上がってねぇ、そこですごい偶然があったの。井雪さんに、どんなお店に食べに行くんですかって聞いたら、麻布のイタリアンで、『トラットリアケパッキア』というお店によく行きますよ、って言うんだよね」

「それってお兄さんおすすめのイタリアンじゃないですか！」

「そうなんだよー。ほんとびっくりしてさぁ。運命を感じたね（笑）。でもパッキアのシェフの岡村さんは厨房に入ってるから、井雪さんが来てることを知らなかったんだよ。

それで後日、一緒にパッキアに行って、井雪さんを紹介したの」

「それはすごい偶然でしたね。そもそもお兄さんがパッキアに行くようになったきっかけは何だったんですか？」

「パッキアの岡村さんとは市場でかつおの仕入れ先が同じだったから、よくみかけてはいたんだけど、実際に話をすることはなくてね。いつだったか、まだSUGALABOの須賀さんがロブションの海外のお店にいて、日本に帰った時に、築地市場を案内して欲しいって頼まれてさ、須賀さんと築地をまわってたら、パッキアの岡村さんと須賀さんが知り合いだったの。それで、その場で岡村さんを紹介されて、麻布でイタリアンをやってるって言うから行ってみたら、美味しくてさぁ。正直、イタリアンで初めて美味しいなぁって思った」

「確か、岡村さんは魚のことをここに教えてもらいに来たって言ってましたよね？」

「そうそう。彼もお鮨を食べに来てくれてね、それで、魚のことはやっぱり鮨屋の方が詳しいから、魚の扱い方を教えていただけないですかって言うから、じゃあ、今度朝から来なよって話になって、仕込みからいろいろと、手のうちを全部みせちゃったよ（笑）」

「そ、そうなんですか！　いやほんと、お兄さんらしいですねぇ。親しくなると本当にオープンマインドっていうか、何というか……」

「そうだねー。信用すると、裏表なく付き合っちゃうよね。でも、俺が友達になろうよって言ったら、友達じゃありません、お兄さんですって、断られてさぁ。でも、いや、友達になろう、って言ったんだよ」

「実際、大人になって親友をつくるのって、難しいですよね。でも、年齢も料理のジャンルもバラバラだからこそ、面白いところもありそう……」

「そうかもしれないね。井雪さんと一緒に岡村さんのお店へ行って、3人で夜中の2時くらいまで話したことがあるんだけど、その時に、お互いに厳しいことを言い合える関係でいましょうって話をしてね……。考え方、味のこと、厳しいことを言ってくれる友達に俺はなって欲しいって言ったんだよ。それからほんと親しくなって、今は家族ぐるみでお付き合いしてるよ。とにかく3人とも食いしん坊っていう共通点があるから、よく食べるんだけどね（笑）。腕が良くても人間的に信用できる人にはなかなか出会えない。2人と友達になれて、自分は本当にラッキーだと思うよ」


（付記）この本のゲラをチェックしていた2019年7月29日早朝、「京味」の店主、西健一郎氏の訃報が流れた（7月26日、肝不全で死去、81歳）。体調を崩されていると少し前に聞いてはいたのだが、一度快復され、お店にも出ておられるとのことだったので、きっと大丈夫なのだろうと思っていたのだが……。

西さんも「すきやばし次郎」のお鮨が大好きで、お店を訪れることもよくあり、また、二郎さんと禎一さんも「京味」が大好きで、互いに認め合う関係だった。

西さんがよく、「二郎さんは私よりひと回り上ですからね、まだまだ私も頑張らないと……」「まだお迎えに来ないでね、って言うてるんですよ」と、優しい京都訛りで、独特のジョークを交えながら話されていたのを思い出す。

訃報を知り、禎一さんにメッセージを送ると、禎一さんは既に知っていて、「とても残念です。日本の宝でしたから。親父とお別れの会に参加する予定です」と返事があった。

日本料理界の宝、西健一郎氏のご冥福を心よりお祈り申し上げます。

◉第7回取材のこぼれ話　二郎さん秘伝のレシピ、イカ漬け

2018年も終わりに近づいた。毎年12月に入ると、「すきやばし次郎」の職人たちはイカ漬けを作る。「イカ漬け」とはあまり聞き慣れないが、それはイカの佃煮でもなく、イカの塩辛でもない。やはり「イカ漬け」というのが一番ピンとくる。それを瓶詰にしてお客さんに配るのが、毎年末の恒例なのだ。

二郎さんと、その「イカ漬け」作りの話でひとしきり盛り上がった。

「お父さん、今年のイカ漬けの出来栄えはどうですか?」

「今年はですね、去年よりうんとイカがよくて、美味しいですよ」

「いいイカがなかなか獲れなくなってるんでしょう?」

「そうなんですよ。その年によって違うんですけど、今年はわりにいいイカが入ってきました」

「これほんと、ご飯が進み過ぎてこわいんですよ(笑)」

「そうでしょう。私もですね、お正月はいろいろ食べるものがたくさんありますが、結局、これが一番美味しい、ってなるんですよ」

「全然生臭くないですもんね。普通、イカの塩辛って生臭いじゃないですか。本当に不思議です」

「塩を入れてないんです。塩を入れると生臭くなるんですよ。私は、生臭いのがだめでしょう、だから、どうしたら生臭くならないだろうって考えて、味噌を使ったり醤油を使ったりして、やっと今の味に落ち着いたんですよ」

「へー。塩辛が苦手っていう人も、これなら食べられますもんね」

「そうなんですよ。よくお客さんに、イカの塩辛は苦手なんだけど、これは食べられますって言われるんです」

そう話す二郎さんの顔は、いかにも現役職人の顔だった。秘伝のレシピと言ってもいいその味は、醤油をベースにしていて、食感は塩辛のようで、漬けたてと少し日にちが経ってからとでは、また少し味に変化がある。このような味に、私は他で出会ったことがない。

このイカ漬けを食べると、私は無事に終わろうとしている一年に改めて感謝し、また新しい年も頑張ろうという気持ちになる。「食」には本当に不思議な力がある。

料理はクリエイションであり、料理人とは素晴らしい仕事だ。

――――――

誰かがこんなことを言っていた。クリエイションとは創造することであり、神様が人間をつくったように、ないところから何かをつくること。料理人の仕事も神様と同じだ、と。

第8回 取材記録（2019年1月19日・土曜日）

8回目の取材は、2019年1月19日、土曜日に行なった。今年の「すきやばし次郎」の年末年始のお休みは、12月28日〜1月9日までだった。しかし実際には、27日にお店の年内の営業が終わった後、30日まで、二郎さんも含め皆仕事をしている。

前回も書いたが、毎年12月に入ると、「すきやばし次郎」では連日に渡って通常の仕事にプラスしてイカ漬け作りをする。最後のイカ漬けを作ったり、大掃除をしたり、全ての仕事が終わるのは30日の夕方だ。

30日、店の大掃除を済ませると、二郎さんと禎一さん、そして、次郎に入って10年になる弟子の岡崎亮さんの3人で、お世話になった方々へ年末の挨拶に、西新井や府中まで出向く。

無事に一年過ごせたことに感謝するとともに、「さぁ、これが年内最後の仕事」と気合を入れて挨拶回りに行くのだ。あたり前のことと言ってしまえばそうなのかもしれないが、こういう律儀さというのは、職人の世界では特に大切にされている儀式のような気がしてならない。またそれは、二郎さんから禎一さんへ、脈々と伝えられている「人としての教え」でもある。

そんなふうにしてやっと一年の仕事を終えた禎一さんは、どんな正月休みを過ごすのだろうか。

「仕事納めってどんな気持ちですか?」

私のこの質問に、禎一さんは力を込めてこう言った。

「どんな気持ち? それはもう、ほんと、やったぁーーー、終わったーーー! って感じだね(笑)」

「ですよねぇ。一年間、毎日早朝から夜遅くまで、本当によく働いてますからねぇ」

「まぁ、それはこの世界にいたらあたり前のことなんだけど、それでも一年終わるとほっとしてね、だいたい毎年31日から熱が出ちゃうんだよ。ずっと気が張ってるから、それまでは大丈夫なんだけどね……。だから正月だけは寝込んでることが多いなぁ。それで、よくなってきたなーって思ったらまた一年が始まるっていう……。でも、今年は先に薬を飲んでおいたから大丈夫だった。少しのんびり過ごせたよ」

「それはよかったですね。10日から仕事初めだったんですよね？」

「店は10日からだけど、８日から来て、準備やらいろいろ皆で仕事してたよ」

禎一さんは、市場の様子について、少し気になることを話していた。市場で景気の低迷を実感するというのだ。

東京は今、２０２０年の東京オリンピック・パラリンピック開催へ向け、なんとなく浮かれムードであることは否めない。オリンピック開催が決定して以来、地価の高騰がニュースになることも多い。しかし禎一さんは、本当に東京の景気はいいのか疑問だ、という話をしていた。

というのも、正月明けから成人の日くらいまでは、市場も仕入れの人たちで混んでいるが、それ以降はガラガラの日も多いという。また、一年を通して全体に魚の値が高騰しているので、飲食店にとってはさらに厳しい時代が来る、というか、既に来ていると感じているらしかった。

東京は様々な飲食店がひしめき合っていて、競争がとても激しい。そんな状況にあって、高級店でも予約が取れない店が結構ある。繁盛店とそうでない店がはっきり分かれてきている――それが禎一さんが最近、特に感じることのようだ。

その違いは一体どこにあるのだろうか？　確かなことは言えないが、少なくとも「すきやばし次郎」と、そこできちんと修業をした弟子たちが独立して持ったお店は、どこも予約が取りづらいのは事実である。そこにひとつの答えがあるように思う。

一流の鮨屋になるための修業は楽ではないが、その先には必ず道が開けている。

理不尽なことが多く、「頑張った後に、必ず良い事がある」というセオリーが通じない世の中になってしまった感のある現代ではあるが、「努力を惜しまない職人の世界においては、このセオリーはまだ有効」であると、禎一さんは話していた。

二郎さんの好きな御雑煮と、弟子の亮さんが語った禎一さんの職人技。

毎回そうなのだが、取材をしている傍らでは、土曜日の営業時間外ということもあって、弟子たちが店の隅々まで徹底的に清掃をしている。取材のテープ起こしをする際、声の後ろには、たわしをかけるゴシゴシという音や、ジャーッと水を流し、デッキブラシをかける音など、「すきやばし次郎」ならではの日常と言ってよい音が流れ、そこからも〝変わらない時間〟というものの大切さを知る。

禎一さんは取材中、質問にきちんと答えるために、「そうだよなぁ？」と、近くにいる弟子たちに確認をすることが時々あった。その度に弟子たちは掃除の手を少し止め、話をしてくれる。

この日もそんなひと幕があった。それは、お正月に食べる小野家の御雑煮に話が及んだ時のことだった。御雑煮といえば、土地によって様々な特色があるし、家庭によってもそれぞれ流儀がある。

小野家ではどんな御雑煮を食べるのか、とても興味があった。

「小野家の御雑煮には何が入ってるんですか？　すましですか？　味噌ですか？」

「うちはね、すましで具は白菜だけ。とにかく、かつおと昆布の出汁を、こゆ〜く、こゆ〜くとるんだよ」

そこまで話をしたところで、禎一さんが「お前んとこはどうだ？」と弟子たちに声をかけた。うちの田舎は鰤《ぶり》を入れます、うちは味噌仕立てです、など、それぞれ故郷の御雑煮の話でひとしきり盛り上がった。

二郎さんの出身は静岡だが、小野家の御雑煮はどうやら静岡風ではないらしい。

「親父さんが、とにかく餅を美味しく食べたいから、具はごたごたいらないって……。物心ついた時からずっと、うちの雑煮は変わらないなぁ」と禎一さん。年明けのまかないに、この二郎さんのレシピによる御雑煮が振る舞われることがあるのだそうだが、弟子たちも皆口々に、「ほんと、美味しいですよ」と話してくれた。

食べてみたい！　そう思わずにはいられない二郎さん考案の御雑煮。作り方のコツを禎一さんに聞いたので、ここに書いておくことにしよう。

まず、かつおと昆布の出汁を、濃く、濃くとることが一番のコツなのだそうだ。そして、醤油と塩で味を調え、ひと口大に刻んだ白菜を入れる。そこにお餅を入れるのだが、お餅は焼かずに、弱火でコトコト10分くらい、とろ〜りとなるまでじっくり、じっくり火を通す。ゆっくり火を通さないと、口に入れた時に染みこむような深みのある美味しさが出ないとのこと。そうしてお椀に盛ったら、最後にカンナで削ったかつお節をかけて出来上がり。想像するに、いかにも出汁のいい香りが漂ってきそうな御雑煮である。

この話を聞いて、カンナが家にないので、まぁパックの削り節でいいかと思ったのだが、禎一さんは「より美味しく食べたいなら、かつお節はカンナで削らなくちゃ」と言っていた。美味しいものをより美味しく食べるために、こういうひと手間は欠かせないということなのだろう。お鮨は今や世界中どこでも食べることができるようになったが、「すきやばし次郎」の鮨が世界に一つしかない特別な存在なのは、こういうひと手間を大切にしているからだ。

弟子の亮さんによれば、かつお節を削るカンナを研ぐことや、包丁の刃を研ぐことが、禎一さんはとても得意なのだという。「すきやばし次郎」では皆それぞれ自分の包丁を持っていて、毎日それを朝から研ぐのだが、禎一さんは包丁を研ぐスピードが一番速く、しかも、禎一さんの包丁はとにかくよく切れるのだそうだ。

包丁については、禎一さんのこんなエピソードも聞くことができた。

ある日のこと、禎一さんが新調した柳包丁を使ってみてすぐに「あれ？　なんか違う、なんかリズムが合わないなぁ……」と言い出したという。しかし、いつも同じ店から同じサイズ、同じ素材の包丁を買っているので、亮さんも初めのうちは禎一さんの気のせいだと思っていたのだそうだ。でも、禎一さんがどうしてもしっくりこないというので、お店に持って行って調べてもらったところ、何かの間違いで、いつもよりほんのわずかだが軽い規格になっていたことがわかったのだという。そのわずかの違いがわかったことに、お店の人も驚き、その場に居合わせた亮さんも本当にびっくりしたという。

流石ですね、と私が言うと、「毎日同じことを同じようにやってるんだから、わかるようになるでしょう」と禎一さん。

いつも開けっ広げで、ジョークを交えて話をするのに、褒められるとおとなしく謙虚になるのが禎一さんの一面でもある。

いつしか生まれた警戒心。二郎さんとの共通点。

禎一さんに、「どんな時に、自分は小野二郎の息子だと感じますか？」という質問を投げかけたことがある。私としては、職人としての技術のことや、その心意気について尋ねたつもりだったのだが、一番に返ってきた答えは、「おべんちゃらを言われた時」だった。偉大な親を持った息子ならではの答えと言えるかもしれないが、他人が心から禎一さんを褒め称えたとしても、どこかでいつも「おべんちゃらだ」と思ってしまうとすれば、少し気の毒だ。

いつもストレートにはっきりとものを言い、とても素直な性格の禎一さんが、〝他人に褒められる〟ということにおいては、いつも少なからずの警戒心と疑いを持っているのは間違いない。それもまた、小野二郎の息子として生まれた宿命なのだろう。

「おべんちゃらを言う人もいるかもしれないですが、本心からお兄さんを褒めている人も大勢いますよ」

「んー、そうかなぁ？　もしそうなら嬉しいけど、そういう時こそ注意を払って……」

「注意を払うとは？」

「褒められた時こそ謙虚にしていなければ、と意識している感じだね。それは、長年商売をやってきて、お客さんから学んだことでもあるんだよ。この人すごいな、って思う人ほど謙虚で腰が低い人が多い。いいな、って思うことは真似をするようにしている。やっぱりきちんとしている人に対しては、こちらも余計にきちんとしなくちゃって思うよね。人との付き合い方は、有難いことにお客さんから学ぶことも本当に多いなぁ」

「なるほどねぇ。確かにこの店には偉人たちがたくさん来ますからね……」

「本当にいろんな人がいるよね。逆に、絶対に真似したくない、って思うこともたまにある。まぁ、仕事と同じだね、いいところは真似をする……」

「じゃあ、お父さんとの共通点はどうですか？　やっぱり俺って小野二郎の息子だなーって感じること、たくさんあるでしょう？」

「一番感じるのは、せっかちなところかな（笑）。親父さんは俺よりもせっかちだよ。まだお茶も出てないのに握り始めようとする時もあるくらいだから（笑）」

「そういえば、すきやばし次郎って、ほんとすぐにお茶が出てきますよね」

「そうだよ。お客さんが座ったらすぐに出す。江戸っ子商売だから、せっかちに鮨屋は向いてるかもしれないね」

「でも最近は、お鮨屋さんでも和食屋さんでも、魚をさばくところからみせるようなのも流行ってますよね？」

「んー、そういうのもあるみたいだけど、仕込みをみせるというのは、俺にはちょっとわからないなぁ。準備万端整えて、さぁ、どうぞ、握りましょう、というのが鮨屋だって思う。まぁ、そういうのが好きな人しかうちの店には来ないっていうか……。一度来て、合わないって思って、二度と来ない人もたくさんいるからね」

「それはあるかもしれませんね」

「今は親父さんも歳とったから穏やかになったけど、昔はせっかちなうえに、すごい短気だった。鮨を握るのってリズムというかテンポというか、そういうのがとても大事なんだけど、横で弟子がモタモタして段取りが悪いと、足元で親父さんの雪駄の蹴りが入ってたよ（笑）」

「お兄さんも蹴られたことあるんですか？」

「あるある（笑）。今はないけど、昔はね」

二郎さんも禎一さんもそうなのであるが、いいリズムで握るために、手酢、煮切り、海苔やわさびを置く位置が決まっていて、鮨職人になって、その位置が変わったことは殆どないという。まな板の横には、左利きの二郎さんと右利きの禎一さんのものがそれぞれ並んでいる。目をつぶっていても手を伸ばせばそこに必要なものがあるというわけだ。

いつも隅々まで掃除の行き届いたお店の清潔さをみても、この親子の共通点は几帳面さにもあると思う。

「お二人とも、とても几帳面ですよね？」

「そうだね、二人とも几帳面なんだけど、少しタイプが違う几帳面さかもしれない。例えば本棚があるでしょう、親父さんは、本の背の高さで揃えてきれいに並べるんだけど、俺は分野別で揃えて並べたいのよ」

「なるほど、面白いですね……。仕事でその違いが現れることってあるんですか？」

「今はもう仕事は任せてもらってるから殆ど何も言われないんだけど、基本的に親父さんは自分のやり方を貫きたい人だってわかってるから、そこはきちんと継承しつつ、でも効率も考えつつ、新しいことをやる時はお互いに相談しつつ、って感じ。味の好みが同じだから、鮨についてはだいたいいつも一致する。お前の味付けでいいと言われる」

他人に褒められても警戒心が先に立ってしまう禎一さんであるが、誰のどんな言葉よりも、二郎さんに「お前の味付けでいい」と言われることが、やはり一番信用できる言葉なのだ。

小野二郎の息子に生まれたことで、禎一さんの人生は、自分の人生であって自分の人生でなくなった部分があるのではなかろうか。

「小野二郎の息子ってほんと大変ですよね?」と何度か冗談っぽく尋ねたことがあるのだが、その度に禎一さんは、「そうだねぇ。40歳くらいまでは、正直大変だなって思ってたよ。でも、自分の仕事に自信がついてくるにつれて、そういうプレッシャーみたいなものも次第に消えていった。今は、親父さんの仕事を毎日一番近くで見られることが本当に幸せだなって思うよ」と答えるのだった。

二人の甥へきつく言ったこと。

二郎さんには3人の孫がいる。禎一さんには子供がおらず、次男の隆士さんの子供たちだ。3人のうち2人は男で、現在、鮨職人になるべくこの世界に入って修業中の身である。ただでさえ厳しい鮨職人の世界。しかも、祖父、伯父、父親と、とても身近でその仕事を見てきた二人が、まさか同じ世界に入るとは……。

以前、二郎さんとそのことについて話をしたことがあるのだが、二郎さん自身、孫たちがこの世界に入ると言いだした時にはちょっと驚いたそうだ。ただ、手に職をつけるというのはとてもいいことだとも話していた。

ひとくくりに〝手に職〟といっても、様々な職業がある。私が二郎さんの孫だったとしたら、同じ〝手に職〟仕事でも、鮨職人という道は一番選びたくないと思うだろう。祖父や伯父、父親と比べられることは間違いないし、そこを超えることは本当に難しいだろうし、とにかく普通に生きていれば感じる必要のないプレッシャーを強く感じなければならない状況に陥ることが容易に想像できるからだ。

禎一さんも、自分の甥たちのことを「よくこの世界に入りたいと思ったよねぇ……」と不思議がっていた。禎一さんは、この世界に入るならば、ということで、最初にかなり厳しいことを甥たちに話したという。

「どんなことを話したんですか?」

「俺は鮨屋をもう一回やるかと聞かれたら、もうやらないと答える、それくらい大変な世界だって話をした。プレッシャーもあるぞ、それでもいいのか? お前たちが途中で逃げ出したら、親父さんやみんなに恥をかかせることになる、それをわかってて本気でやりたいって言ってるのか？　たかが鮨屋、されど鮨屋だぞ。うちの後を継ぐってことがどういうことだかわかってるのか？　俺にもしも息子がいたら絶対にやらせない。後を継ぐということは、守りながら攻めるということだ。一度入ったら辞められないんだぞ、本当にいいのか？ってね……」

「本当にその通りだと思います。相当な覚悟がいりますよね。その言葉って、40年もこの世界でやってきたお兄さんだからこそ言える言葉だと思うし、これまで二郎さんの一番近くで一緒に仕事をしてきたからこそ言える言葉だとも思います」

「俺の時はまだ親父さんも独立して間もなかったし、有名店ではなかったわけだからね。今とは状況も全然違う。もっともっと大変だと思うよ」

「それでも、甥っ子さんたちはやると？」

「そう。そしたらもう、頑張れ、って言うしかないよね」

「なるほどねー。ほんと頑張って欲しいですね」

「そうだね。河岸に行くとね、〇〇の息子ですって紹介されて暫くして、あれ？　この間まで息子が来てたのに、急に姿がなくなったな、っていう場面に時々出くわすのよ。だいたい続かなくって辞めちゃってるんだけど……。正直、相当な覚悟がないと厳しい世界だからね。頑張って欲しいと思ってるよ」

「途中で逃げ出したら、親父さんやみんなに恥をかかせることになる」

禎一さんが言ったこの言葉は、禎一さんが自らにずっと言いきかせてきた言葉でもある。

◉第8回取材のこぼれ話　二郎さんのギネス申請

昨年の秋頃の話である。この本の取材に訪れた際、二郎さんとなんとなく交わした会話の中に、ギネス認定の話があった。

二郎さんは83歳の時、世界最高齢のミシュラン三ツ星料理長ということで、ギネス認定を受けていた。それから10年が経過したが、勿論、二郎さんはその後も連続して三ツ星をとり続けている。

「すきやばし次郎」の店内に、会計をする小さなスペースがあり、その壁にギネスの認定証が飾られていて、そのことに話が及んだのであるが、現在、二郎さんは93歳。ギネスの認定からちょうど10年経ってきりがいいので、更新できるか聞いてみようという話になったのだった。

私は、「知人にギネスに詳しい人がいるので、聞いてみます」と、最初は簡単にできると思って軽い気持ちで請け負ったのだが、問い合わせてみた結果、これが結構大変で、小野家のご家族を含めいろいろな人を巻き込む形となってしまった。どうやら単純に更新とはいかないようで、一から申請のための書類が必要であるという。戸籍抄本を取りに行ってもらったり、調理師免許のコピーを準備してもらったり、二郎さんが仕事をしている動画を撮ったりする必要があった。

戸籍抄本や調理師免許のコピーは年末に禎一さんにお願いしてあったのだが、禎一さんはすっかり忘れていたようで、今回の取材の際に「準備できましたか？」と尋ねると、「なんだっけ？」という感じであった。「ギネス申請に必要な書類ですよ！」と私がせっつくと、「あ、そうだったね、今度揃えておくよ」と思い出してくれたのだが、その雰囲気はとても悠長なものだった。


そして、その時の禎一さんの悠長な印象を、私はとても好ましく感じた。なぜか？私にとって、二郎さんは奇跡の人と言っても過言ではない。93歳で、現役で、しかも最高のレベルで仕事をしているなんて、奇跡としか言いようがない。私は二郎さんの一日一日を奇跡のように感じてしまうのだ。私は二郎さんにお店で会うことができると、今日も会えてよかった、と心からそう思う。

しかし禎一さんにとっては、案外そうでもないのかもしれない。毎日一緒につけ場に立ち、二郎さんを一番近くで見ている禎一さんは、それがこれから先も長く続くことを確信しているからこそ、ギネスの申請が先になろうがあまり気に留めていない、ということなのではないか。それくらい、二郎さんは元気であるという証拠なのだ。

それにしても、今年中には必ず二郎さんが改めてギネスの認定を受けられるようにしなければ……。これは、私が好きで勝手に請け負った、年の初めのプロジェクトであり、とても大切なミッションなのだから。

第9回　取材記録（２０１９年2月23日・土曜日）

９回目の取材は、２０１９年2月23日、土曜日に行なった。私はこの日、取材以外に、二つの大事なニュースを禎一さんと二郎さんに伝えなければならなかった。

一つはこの本の出版についてのことだ。取材当初から、「必ず本にする」という決意を持ってスタートさせたのだが、原稿を書き進めてはいるものの、「本にする」ということは私にとって未知の世界であった。

この頃、既に7回目までの取材原稿を書き終えていたのだが、本にするためにはそろそろ本格的に動いておかなければいけないという焦りもあって、出版社に飛び込みで企画書と原稿を持ち込んだり、知人のつてを頼ったりしながら、出版する方法を探っていた。原稿を受け取ってくれる出版社もあれば、持ち込み原稿は受け付けていないというところもあり、先が見えない状態にあって、正直、不安な気持ちだった。

しかし、この9回目の取材の数日前に、本書の版元の担当者より嬉しい知らせがあったのだ。これまでの原稿に目を通し、幹部会にて企画が通り、現在は社長決裁待ちであるとの連絡だった。

私は、この知らせをもらった時の嬉しさと安堵の入り交じった心境を、そしてそのシーンを、生涯忘れることはないだろう。

その日、すきやばし次郎に到着するとすぐに、まだ決定ではないけれど、と前置きをしつつ、出版へ向けて一歩前進しているという報告を禎一さんにしたのだった。すると禎一さんは、「そうですか、決まるといいね」と、意外にも淡々とした様子だった。

昨年の7月からこれまで、数カ月にわたり取材を進めてきたが、その間、一度も「出版社は決まったの？」などと聞かれたこともなかった。そもそも私のようなライターに書かせることを許してくれただけでも感謝なのに、自由に書いていいよというスタンスで最初からずっといてくれる禎一さんを、改めて懐の深い人だと思った。

そして、伝えなければならない二つ目のニュースは、二郎さんに関することだった。

私はイベントの企画をしたり、その際のステージ台本を書いたりする仕事もしており、その中に毎年3月に幕張メッセで開催される「ＪＡＰＡＮドラッグストアショー」というイベントがある。今年で第19回となるのだが、そこで「第1回 Men's Beauty アワード」を同時開催することになり、健康長寿な著名人に与えられる「Beauty ライフスタイル部門」の受賞者に、二郎さんが決定したのだった。

授賞式はイベントの開催中、幕張メッセで行なわれるのであるが、私は主催者や関係者から、二郎さんに授賞式に出席してもらえるようお願いして欲しいと頼まれていたのだ。しかし実のところ、このことが決まった時から、私は「出席は難しいと思うので、ビデオレターという形で撮影をお願いしてみます」と主催者に話をしていた。

この日、二郎さんはいつものようにお店にいて、私はビデオレターの撮影日程を決めるつもりで二郎さんに話をしたのだった。

「……こういうイベントが幕張メッセでありまして、この度、二郎さんが表彰されることになりました。それで、表彰式があるのですが、幕張に来ていただくのは大変なので、今度お店でビデオレターを撮影させてもらってもいいですか？」

すると驚いたことに、間髪入れずに「行きますよ」と、二郎さんの返事が返って来たのだった。

「えー？　お父さん、本当にいいんですか？」

「はい、大丈夫です」

「ちょ、ちょっと待ってくださいね、お兄さん、本当にいいんでしょうか？」

「大丈夫だよ。俺は店があるから行けないけど、亮（弟子）を一緒に行かせるよ。ちょっと予約表持ってきてー！」

禎一さんは弟子に予約表を持ってきてもらうと、それに目を通しながら、「昼間だよね、うん、大丈夫。この予約人数ならできるから、亮と親父さんが幕張に行っても大丈夫だよ」と、快く承諾してくれた。

信じられなかった。幕張メッセのイベント会場に小野二郎が本当にやってくることになるなんて。

そして、思いがけないサプライズはまだあった。それについてはこの章の最後に書くことにしよう。

黒子に徹する禎一さん。愛、尊敬、そして自信。

小見出しに「愛」という言葉を使ったら、禎一さんに「愛なんて言ったら恥ずかしいからやめてくれよ」と言われそうだが、取材も9回目となり、ここに書ききれないほどたくさんのエピソードを聞き、禎一さんの二郎さんに対する思いを知った者としては、やはり、愛という言葉は避けて通れない。

毎日一緒に仕事をする93歳の親方としての二郎さん、そして、父親としての二郎さんを、禎一さんは今、どんな気持ちで見ているのだろうか……。

「80歳を過ぎた頃から、さすがの親父さんも疲れたなーと時々言うようになってね、それまでは、忙しかったなーと言うことはあっても、疲れたなーと言うことはなかったんだよ」

「そりゃあそうですよね、だって、80歳ですもん」

「そうだよね。だけど正直、その頃はまだまだ心配するほどではなかったんだよね。だけど、やっぱり90歳を過ぎると、しんどいなーって、言うようになってきてね。時々、かわいそうでみてらんないくらいなんだけど、親父さんは仕事を辞めたいとは絶対に言わないのを知ってるからね……」

つけ場に立つ二郎さんをみていると、いつもシャンとしていて、微塵もそんなことを感じない。それがプロ、それが小野二郎という人なのだ。

そして禎一さんにも、家族として、弟子として、一番長く同じ時間を過ごしている父のこれからについて、秘めた思いがあった。

「休んでもいいですよ、って言ったこともあるんだけど、でも親父さんにとって仕事が生き甲斐だっていうこともよくわかっているから、やりたいという意志があるうちはとめられない。親父さんは親父さんで、自分の身体がもっと動けば、もっと気持ちよく仕事ができるだろうし、いろいろ歯がゆいこともあるかもしれないけど、そこは俺が全部カバーする。親父さんが、もうやりたくないって言うまで、最後までやってもらえばいいと思ってる。俺は親父さんが気持ちよく仕事できる環境をつくって、サポートするだけだよ。7歳から奉公に出て、一代でここまでの鮨屋にしたんだもの、好きなように、本当に好きなように最後はさせてあげたいと思うよ」

「禎一さんは黒子に徹する、ということですか?」

「息子ってそういうもんでしょう」

禎一さんはとても納得した表情でそう言った。この言葉を聞いた時、私は読者に何を伝えたくてこの取材を始めたのか、わかったような気がした。

「お兄さんももう40年もこの仕事をしていて、店のことも全て任されているという状況で、それで黒子に徹していなければならないというのは、ちょっと、モヤモヤする気持ちになったりもしそうですけど……」

「陽のあたるところは親父さんでいいのよ。そりゃあ、誰もわかってくれなかったらちょっときついかもしれないけど、一人でもわかってくれたらそれでいいじゃない。それに、もしもこの先、親父さんがいなくなっても、すきやばし次郎の味は変わらないっていう自信もあるから」

禎一さんは、自分は決して器用ではなく、器用な弟に焼きもちを焼いたり悔しいと思ったりした時期もあったけれど、それを解決するには、やっぱり数をこなすしかなかったという話をしてくれた。

「例えば、弟や亮（弟子）なんかは、見ていて器用だなって思うんだよね。器用だから仕事も早く覚えるし、手さばきもきれい。羨ましいよね……。でも俺は器用じゃない。器用じゃない奴がそこを解決するには、器用な奴の3倍くらい数をやるしかない。結局、数をこなせば自信にもなるし、できるようにもなる。自分がそうだったから言えるんだけど、失敗をしたことで、なぜ失敗をするのかという悪い方のノウハウを持てるっていうのは、ある意味強みだとも思うよ。器用な人にそのノウハウはないからね。失敗をいかに生かすか……。勿論、ただやみくもにやっててもダメで、常に考えながらやることが大事だよね。器用じゃないことをプラスにするのは自分次第だよ」

天才の子は天才にあらず、ということなのだろうか。いや、それは違う。なぜならば、二郎さん自身が誰よりも努力の人であったのだから。

この日の取材は、ここから先、二郎さんも交えて行なうこととなった。

弟子を育てるということ。急がば回れ。

昨年の7月から取材を始め、その中で、雑談を交えながらではあったが何度か二郎さんに話を聞くことができ、それを〈こぼれ話〉という形で書いてきたのだが、私はこの日、禎一さんの話を聞きながら、そろそろきちんと二郎さんの話を聞く時が来たかもしれないと思ったのだった。

なぜなら、禎一さんの話が「弟子を育てる」という話題に及んだからだ。

「ここで修業をする人たちはみんな、いつかは独立したいと思って入ってくるんでしょう?」

「そうだね。そうして一人前の職人になって独立した子たちは、みんな成功してるよ。会った時に、忙しいか? って聞くと、まぁまぁです、って言うんだよね。まぁまぁですってことは、忙しいってことなんだ。修業中は大変な思いもするけれど、ちゃんとやれば職人として一生生活に困らないようになれる……」

「でも、お兄さんは見送ってばっかりで、いつかは皆ここを出て行くってことは、ずっと教え続けていかなきゃいけないし、安心できませんねぇ」

「まぁ、それはしょうがないよ。寂しいなって思う時もあるけど、みんな独立したいと思ってやって来てるってわかってるから、そこは仕方ないって思うよ」

「そういった意味では、お父さんは自分のお店を持って、弟子でもあり息子でもあるお兄さんがいなくなることはないから、安心だったかもしれませんね……」

「どうだろうねぇ。今はもしかしたら安心って思ってくれてるかもしれないけど、逆に息子だから心配も多かったかもしれないよ」

禎一さんにここまで話を聞いたところで、私は近くにいた二郎さんに声をかけ、一緒に話を聞かせてもらうことにした。

「お父さん、ちょうど今、お弟子さんたちがいつかは独立して巣立っていくから、お兄さんはずっと安心できないですねっていう話をしてたんですよ。お父さんは、息子という辞めない弟子がいて安心でしたよね？」

「安心は安心です。でも、私は息子だからといって甘くしたことは一度もないですし、他の弟子たちよりも厳しくしてきました。そうじゃないと、他の子たちが納得しないでしょう。今は長男はここで、弟の方は六本木でやれていますし、辛抱してくれたと思います。うまくいったかなーとは思います」

「息子さんだけじゃなくて、お孫さんも鮨職人の道に進まれていますが……」

「どんな職人でも、職人になるにはどうしても辛抱がいります。今の時代、後を継ぐ人は少なくなりました。だけど、孫が二人ともやりたいって思ったってことは、何か魅力があるんでしょう。親の背中をみてますからね」

「魅力、確かにそうなのでしょうね。じゃあ、お父さんにとって鮨職人の魅力って何だと思いますか?」

「私らの時代は、人はたくさんいるんだけど、仕事がないという時代だったでしょう。でも、食べさせないといけない家族はいる。そしたら、手に職がある方がよかった。職人は定年のない、いい仕事だと思います」

「なるほど。確かに、定年がない、生活に困らない、というのは魅力ですよね。よく尋ねられる質問かもしれませんが、もし生まれ変わっても、お父さんはまた鮨職人になりたいですか?」

「はい、なりたいです」

微笑みながら、二郎さんははっきりとそう言った。私は二郎さんの隣に座っている禎一さんにも同じ質問をした。

「じゃあ、お兄さんもまた鮨職人になりたいですか?」

「俺は、どうだろうなー、なりたいってはっきりとは言えないけど……。でも、鮨職人じゃないかもしれないけど、何か手に職つけてやってると思う」

「私もお兄さんをみているとそんな気がします。勤め人という感じはあまりしないというか……」

するとニ郎さんが言った(二郎さんは自分で耳が遠いとよく言うのだが、話のタイミングも内容もいつも的確なので、本当に耳が遠いのかと疑ってしまうことがある)。

「職人は腕次第で上にいけます。会社だと運もありますが、自分次第で上にいけるというのは、張り合いがあっていい仕事だと私は思いますよ。ただ、上にいくためには志が必要です」

「そうですよね、志が大切だというのはよくわかります」

「はい。自分がこれを覚えて、一生の糧にするんだという気持ちを持って、先輩たちを早く追い越すためには、人の何倍も練習をしなければいけません」

「やっぱり楽はない世界。そこはウソをつけないよね。俺が入って来た子たちによく話すのは、『ありときりぎりす』や『うさぎとかめ』の話とおんなじで、一足飛びにはいかないんだよってこと。それがこの世界なんだよね」と禎一さん。

「だけど、今の若い人たちはそんな思いをしなくても食べていけるっていうのがあるでしょう。募集をしても人が来ないっていう話を私がすると、不思議がられるんですよ、次郎さんのところでも来ないんですかって……」

「ほんと、それは不思議ですね。私がもし鮨職人になりたいって思ったら、迷わずすきやばし次郎で修業したいって思いますけど。やっぱり、すごく大変そうだなって思っちゃうのかな……」

「んー、多分そうなんだろうね。だけど、俺も弟子として厳しく育てられて、だめだ、だめだって言われ続けて、俺には無理なんじゃないかって思ったことも何度もあったけど、今は厳しく育ててもらって親父さんに感謝してるよ」


子から親へ、直接感謝の気持ちを言葉で表すということは、簡単なことのようで、いらぬ照れくささも加わってなかなかできないことではなかろうか。禎一さんも、このような機会がなければ二郎さんに感謝の気持ちを伝えることはなかったかもしれない。そう思うと、自己満足かもしれないが、私はこのような機会を設けられたことを嬉しく思った。

禎一さんは続けた。

「親父さんは、〝男おしん〟みたいだよね。7歳で奉公に出てからもう85年も仕事してるって、そんな人、まぁ、あんまりいないでしょう……」

「ほんと、いないでしょうね。今のお弟子さんたちに、お父さんの経験とか苦労話をされることはあるんですか？」

「たまにします。だけど、辛抱はいりましたけど、私は苦労と思ったことはないんです。13歳の頃に、出前先の御宅の炊事場を借りて、法事やら宴会の懐石料理を一人で準備したという話を今の人にしても、信じてもらえないかもしれませんね。きっと、そんなことできるわけないって思うでしょう。でも、やらなきゃならないってなったら、人はできるんですよ」（二郎さんのこの頃の話は、以前、ＮＨＫの「わたしが子どもだったころ」という番組でドラマ化された）

余談だが、二郎さんが13歳の頃働いていた店の親方の娘さんたちが、時が経ち、「すきやばし次郎」を訪れたことがあるのだそうだ。その時、二郎さんと当時の思い出話に花が咲き、それを傍らで聞いていた弟子たちが、「あの出張料理の話は本当だったのだ」と改めて驚いていたという。

二郎さんはこの日、その他にもたくさん修業時代のエピソードや若き職人時代の話をしてくれた。もう本当にそれだけで一冊の本ができてしまいそうなくらい、興味深い話ばかりだった。

「いろいろな話を聞けば聞くほど、お父さんは本当にすごい時代を生き抜いて来られたんだと思います。大変でしたね。でも、だから今がある。今が一番幸せなんじゃないですか？」

「最近の親父さんは、身体は疲れるようにはなっちゃったけど、一番充実してる時なんじゃないかな」

「それはそうかもしれません。息子でも孫でも、この道に進むのがあたり前というふうにして頑張ってくれていますし、自分はこれまでやってきて本当によかったと思います。ただ、昔と違って今は、弟子を育てるというのが本当に難しい時代だと思います。私からすると、今の子は辛抱が足りないと思います。考えることも足りない。先のことを考えていたら、もっと必死にやると思うんです。今のことしか考えていないでしょう、将来自分が家族を持って養うとか、30年後、40年後のことを考えていない。私は仕事を早く覚えて、早く一人前になりたいといつも思っていました。人はやろうと思えばできると思うんです」

二郎さんは少し語気を強めながら言った。

交差する思いやり。

「お父さんは93歳ですが、今、どんな思いで毎日仕事をしていますか?」

「私は幼い時からずっと仕事をしてきました。本当によく働いたと思います。人の何倍も働いたと思います。でも、まだ仕事がしたいと思うんですから不思議ですね。それは、この仕事がそれくらい魅力のある仕事だからだと思います。家にいて、今日は少し調子が悪いな、と思う日もあるんですけどね、ここへ来てあそこに(つけ場を指さしながら)立つと、ピンとするんですから、不思議なもんです」

禎一さんは、二郎さんの隣でこの言葉を黙って聞いていた。そして、二郎さんはこう続け、私はその言葉にとても驚いたのだった。

「でも、93でしょう。やっぱり疲れます。90くらいまではあんまり疲れたと思うことがなかったんです。でも、最近は疲れるようになりました。だけど、店が忙しいから、この人(隣に座っている禎一さんのこと)一人でやるのは大変でしょう。だから、手伝わないといけませんでしょう」

驚いたことに、93歳の親は、60歳の息子を労わっていた。二郎さんの口からこんな言葉が出てくるとは、正直思ってもみないことだった。親とはそういうものなのだろうか。

禎一さんは、自分の父親がもうやりたくないと言うまで、「とにかく親父さんが仕事をしやすいように、自分は全力でサポートをするだけ」と言っていた。

お互いがお互いのことを思い、共につけ場に立ち、毎日同じ時間を過ごしているのだ。

いつの日か、つけ場に二郎さんがいなくなる日が来るのだろう。この話を聞きながら、私はそんな日が来ることをふと想像し、とても切ない気持ちになってしまった。

「すきやばし次郎」のつけ場に二郎さんと禎一さんが並んで立っている。それは、あたり前のことでもあり、とても尊いものだ。

これから先の30年をこう読む。先を読む力。

二郎さんと禎一さんの歳の差は33。もしも禎一さんが二郎さんと同じ歳まで仕事をしているとするならば、この先、まだ33年以上あるということだ。

「お兄さん、鮨職人としてお父さんの域に達するまでには、まだ33年以上もありますよ」

「俺はそんなに長く生きちゃいねーよ」

「そんなこと、わからないじゃないですか」

「でも、これまでの30年とここからの30年では、俺たちを取り巻く状況っていうのは随分変わってくるとは思うよ。今でも既にそうなんだから……」

「お父さん、ここから先の30年、商売をやっていくお兄さんやお弟子さんたちに、鮨職人として伝えておきたいことを教えていただけますか?」


これからここに書くことが、93歳の二郎さんが今思っていること、考えていることである。それはまた、鮨職人や食を商売にしている全ての人へ向けられたメッセージと言えるかもしれない。

「これから先の人は、今よりもっと自分で考えないといけなくなります。というのも、海の状況が変わってきていますでしょう。魚の量も、いる場所も変わってきていますし、季節ごとの旬の魚が獲れる時期というのがめちゃくちゃになってきていますから、今あるものをどう生かして美味しくすればいいのか、ということを常に考えなくてはいけません。

魚の質も変わってきていますから、今までと同じことをやっていても美味しくできないということもあるでしょう。素材に負けないように、一番美味しいタイミングで出すにはどうしたらいいか、ということを考えないといけません。大変な時代になると思います」

「なるほど。だからお兄さんはマグロのシンポジウムに参加したり、料理人のお友達と情報交換をしたりしているんですね？」

「勿論そういうこともある。料理のジャンルは違うけど、参考になることも多いからね。最近では、この先、鮨屋が鰻屋とおんなじ状況になるとも言われててね、養殖と冷凍ばっかりになるとか……。いくら日本で漁獲量を決めても、世界で基準を設けないと魚の場合はダメだよね……。冷凍技術の科学的な進歩の話も聞くけど、まだまだ先はわからないね」

二郎さんはこうも言っていた。

「昔は5年先のことを考えて商売をすればよかったんです。でも、今は5年では遅いです。3年で変わります。魚の状況もそうですが、世の中の状況も3年で大きく変わります」

こういう言葉を聞くと、二郎さんは気持ちもまだまだ現役だということがよくわかる。

私は少しふざけて、「お父さん、鮨職人として、どんな弟子にかかってこられても、負ける気がしないでしょう？　俺を超えられる奴はおりゃあせん、と思ってますよね？」と問いかけた。すると、二郎さんは静かに微笑みながら、「そうですね、やってみなさい、と思います」と言った。

◉第9回取材のこぼれ話　歴史的な一日の立役者になれた日

２０１９年3月15日金曜日。幕張メッセのイベント会場に二郎さんがやってきた。「第19回ＪＡＰＡＮドラッグストアショー」の中で開催された、「第１回 Men's Beauty アワード」の表彰式に出席するためだ。私はイベント開催中、ステージの運営スタッフとして仕事をしていたので、現地で二郎さんを迎えることとなった。

表彰式のステージで、もうひとつのサプライズがあった。嬉しいことに、このステージで二郎さんのギネスの認定式も同時に行なう運びとなったのだ。

それは、イベント開催のちょうど一週間前のことだった。ギネスの事務局から連絡があり、二郎さんが世界最高齢のミシュラン三ツ星料理長（93歳と１２８日）ということで正式に認定されたので、認定証の授与式を行ないたいということだった。

そこで私は、幕張メッセのイベントステージで、「第１回 Men's Beauty アワード」の表彰と合わせて行なうというのはどうでしょうと提案をしたのだった。事はうまく運び、この日、ギネスの授与式も合わせて行なったわけである。

この日のことが大きなニュースとなり、テレビにも取り上げられ、客席にいる人たちは歴史的な瞬間の目撃者となった。

二郎さんもとても喜んでくれ、受賞の風景を傍で見守りながら、私は感動で胸が熱くなった。

ある人が私に、「歴史的な瞬間の立役者だね」と声をかけてくれた。もったいない言葉だと思った。ただ、小野二郎という人の人生の中で、私はもしかしたらほんの少しだけ記憶に残る人間になれたかもしれないと思うと嬉しくて仕方なかった。そして、二郎さんが欲しいと言っていたギネスの認定を叶えることができたことに、とてもほっとしていた。


勿論、二郎さんの偉業の陰には、禎一さんをはじめご家族、弟子たちの完璧なバックアップがあることも忘れてはならない。銀座から同行してきた亮さん（弟子）も、二郎さんに何かあってはいけないと、慣れない現場にとても気を使ったことだろう。

禎一さんからは、事前に何度か連絡をもらった。その中には、「到着したら、水を飲ませてやってください。授賞式が終わったら、車に乗せる前に少し休憩をとって、軽く食事をさせてから帰してください」というのもあった。

――

改めて、日々のこうした繊細な配慮の上に、二郎さんの活躍があるのだと知った。
そう、間違いなく禎一さんこそが、この歴史的瞬間の真の立役者なのだ。

第10回　取材記録（2019年4月8日・月曜日）

10回目の取材は、2019年4月8日、月曜日に行なった。約束の時間は12時。私はこの日、銀座ではなく、東銀座へと向かった。というのも、この日取材をするのは禎一さんではなく、東銀座にある京懐石の料理屋「井雪」のご主人、上田真寛《まさお》さんだったからだ。「井雪」といえば、禎一さん、そして二郎さんも、とにかく惚れ込んだ和食の名店だ。第7回の取材記録で詳しく触れたが、禎一さんはその味と人柄に惚れ込むあまり、上田さんに「友達になってください」と自らお願いをしたという。今ではプライベートな時間に家族ぐるみで付き合うほど親しい関係となっていた。

取材も終盤にさしかかり、私は「井雪」のご主人と禎一さんの弟の隆士さん、この二人の取材は欠かせないと思っていたので、アポイントを取ったのだった。

約束の時間より少し早目に到着したのだが、扉を開けるには少し早いと思い、近くで待機していた。すると扉が開き、お店の人が「中へどうぞ」と声をかけてくれた。それは、なぜ私が到着したのがわかったのだろうと不思議に思うくらいのタイミングだった。「井雪」とはそういう店なのだ。

お店の中に入ると仕込みの最中で、ご主人も弟子たちも忙しそうな様子だったのだが、皆がいったん手を止めてきちんと挨拶をしてくれ、私は個室に通された。その個室でご主人とちょっとした雑談をしたところで、「ところで、お昼ごはん、まだですよね？　まずはいかがですか？」と言われ、図々しくもお昼を呼ばれてしまった。

ご主人は、私が食事をいただく間は個室を退出され、私は一人残された部屋でお膳をいただいたのだが、今思うと、それは何かの儀式のような時間だったように思う。

その美味しさが、心と身体に染み渡った。えも言われぬ幸福な味がした。

上田さんの生い立ち。二人に共通する生き抜く力。小野家のしつけ。

まずは、「井雪」のご主人のことに少し触れることにしよう。

店主である上田真寛さんは、現在52歳。40歳の時に東京・東銀座、歌舞伎座の近くに自身の店「井雪」を開店した。料理の世界に入ったのは17歳の時。生まれ育った京都の名店「たん熊」で10年修業した後、東京へ。東京で和食、京懐石といえば、その第一人者である西健一郎氏のお店「京味」にて13年の経験を積み、独立に至った。

実家は京都・東山の円山公園の近くで、いわゆる一見さんお断りの旅館を営んでおり（旅館の名前は「井雪」。現在は三代目として妹さんが営んでいる）、物心ついた時には既に父親はおらず、もともとは親戚が営んでいたこの旅館を、二代目として母親が切り盛りしていた。

上田さんの母親もやはり料理には熱心で、現在もそうであるが、当時からこの旅館の朝ごはんの美味しさは京都でも評判となっていた（旅館「井雪」は、当時も今も朝ごはんしか出さない）。

上田さんの生い立ちには、その朝ごはんの美味しさの秘密が深く関わっていた。

「私は物心ついた時から父親がいないんですよ。母は当時、旅館の跡を自分が継ぐことになって、仕事をとるか、家庭をとるかということになったようで、結局、仕事をとったんです……。それで、旅館というのは、子供の声がするとお客さんが落ち着かない、ということもあって、私は小学校の低学年くらいまで、母のお友達のお母さんのところに預けられてましてね……。まぁ勿論、時々は母のところに帰ってはいたんですけどね」

「妹さんは？」

「妹は母のところにおりました。女の子は大事にされるんですよ。そういう土地柄っていうのかな、当時はそういうところがありましてね……」

「そうですか、私にはなんとなく想像しにくい世界ですが……。寂しくはなかったですか？　お母さんの元へ帰りたくなったりしませんでしたか？」

「それが、母のお友達のお母さんというのがとても優しくてですね、ばぁちゃんって呼んでたんですが、たまに母のところに帰ると、そのばぁちゃんの家がある岩倉へ帰りたいって、逆に駄々をこねていたくらいです。先日も京都へ行った時に、もうばぁちゃんはいないんですが、一人でそこへ足を運んできました。京都の郊外なんですが、風光明媚なとてもいいところでしてねぇ。また、そのばぁちゃんが本当に料理が上手で、いつも京都のおばんざいをいろいろ作ってくれるんですが……。母も料理を教えてもらってました」

「それが旅館の美味しい朝ごはんの秘密なんですね。ご主人の舌が肥えた秘密もそこにあるのかもしれませんねぇ？」

「正直、食べることには事欠かない生活を送っていたと思います。母のところに戻ってからも、お泊まりのお客さんからご要望があると、料亭から切溜《きりだめ》を届けてもらうんですけど、足りないといけないから必ず多目に注文しておくんですよ。だからそれをいただいたり、特別に洋食弁当を作ってもらったりもしてました。17歳まではそうして甘やかされて、のほほんと育ったかもしれません。そして、たん熊さんでの修業時代に性根を叩き直されました、悪ガキでしたし（笑）。何も知らずに入ったこの世界、本当に一からですから、修業は本当にきつかったです」（切溜とは、料理場で用いる切った野菜や作った料理などを入れておく浅い木箱。長方形で蓋があり、薄く漆が塗ってある。箱膳に同じ）

「性根を叩き直された」という表現を使った上田さんだったが、詳しく聞いた私からすると、「そんな理不尽なことが……」と絶句してしまうような兄弟子とのエピソードが殆どだった。

「たん熊」、そして「京味」と、和食の世界では王道を歩いてきたと言ってもおかしくない上田さん。時々、禎一さんと修業時代の話をすることもあるという。

「当時の話をしてもなかなかわかってもらえないというか、時代が違うと思われて終わりでしょう。だからというわけではないんですが、禎一のお兄さんと（上田さんは禎一さんのことをそう呼ぶ）当時の話をすると、わかってもらえるというのが本当に気が楽というか、有難いです。禎一のお兄さんも料理屋さんで修業をされていましたからね」

「そうですね。禎一さんからも修業時代の信じられないようなエピソードをいろいろお聞きしましたが、そういう奴はどこにでもいるから仕方ない、自分がそうならないようにすればいい、とおっしゃっていました」

「私もそう思います。今思うと理不尽なことから学んだことってたくさんあります。何もわからずにこの世界に入って、まずは教えてもらわないといけないわけで……。どうやってこの人に接したら教えてもらえるか、どうしたら自分を認めてもらえるか、ということを学んだと思います。理不尽を飲みこめる人にならないと、先がないわけですから。禎一のお兄さんも、お父さんに恥をかかせてはいけない、他に行くところはない、という思いで理不尽を飲みこんで修業されたのでしょう。偉大な父を持つというのは、恵まれているとも思いますが、大変なことも多いと思います。お察ししますよ……」

上田さんも、苦しいな、帰りたいなと思ったことが何度もあったそうだが、母親に「うちの旅館は女だけでやる商売やから、あんたの仕事はない」と幼い時から言われ続けていたので、帰るところはないと思って辛抱したのだという。

この世の中、理不尽を飲みこめる自分、世間はどこか不平等で不公平であるということを認められる自分をつくり上げておいた方が、強く生き抜くことができる、とも言っていた。

「ご主人が思う禎一さんの大変さって、どういうところだと思いますか？」

「そりゃあ、簡単に僕らが言えないというところもあります。本当にいろいろあると思います、お父さんが偉大すぎて、ですね……。世間的にも、まずは二郎さん、それは勿論、二郎さんはすごい人です。それを一番わかっているのも息子さんたちでしょう。そんなお父さんを持って恵まれているとも思います。だけど、まぁ、そこを乗り越えるというのは本当に大変なことやと思います。なかなか認めてもらえないという苦しみも、親が偉大であるがゆえに人の何倍もあると思います。ただですね、どんなに親が偉大でも、この仕事というのは結局は自分なんです。安易な気持ちではできない、絶対に続かない仕事なんです。それを、息子さんたちが二人とも、きちんとやっておられるということが、本当に素晴らしいと思います。おそらく二郎さんはずっと厳しい人で、親子の甘えというのはなかったと思いますね。もっと言いますとね、親子というよりは、ずっと親方と弟子やったんやないかと思うんです。小野家のしつけというのは、僕らからは想像もつかないもんがあると思うんです……」

確かに二郎さんは、ことあるごとに二人の息子には他の弟子たちよりも厳しく接してきたと言うが、上田さんはそれを「小野家のしつけ」と捉えていた。そして、上田さんがそう思うのには根拠があった。

二郎さんの孫、つまり禎一さんの弟である隆士さんの息子（ヒデキさん）が約1年半の間、「井雪」で修業をしていたことがあるのだ。上田さんは、ヒデキさんに初めて会った時、その言葉使いや立ち振る舞いの全てから、小野家のしつけの厳しさを知ったという。

「そもそも、禎一のお兄さんから甥っ子を預かって欲しいというお話があった時、うちでは荷が重すぎるからお断りさせていただいたんです」

「そうだったんですね……」

「京味の女将さんが、料理屋さんの子を預かるのは、うまいことといって帰りはるのがあたり前やから、預かる方も覚悟して預からんといかんとよく言ってはったのを覚えてましてね……。二郎さんのお孫さんでしょう、責任重大でしょう。だから、うちではとっても無理です、と何度もお断りしたんです」

「でも、どうしてもとお願いされたわけですね？」

「はい、どうしても他を考えられないと言っていただいて……。じゃあ、一度面談をさせてくださいと言って、ヒデキに会ったんです」

「印象はいかがでしたか？」

「素晴らしい子やと思いました。ただ者ではない、さすがやな、と思いました」

「そんなにですか？」

「はい、びっくりしました。まず、言葉使いや立ち振る舞いに驚きました。今時、あんな子はなかなかいないと思います。その時に、祖父、伯父、そして自分の親が言うことに間違いはない、とも言ってました。相当厳しく育てられたんだろうなということが、一度会ってわかりました」

「なるほど。それがきっと小野家のしつけなのでしょうね……」

「そうですね。ヒデキがうちに入ってから、何度か二郎さんや禎一のお兄さんを交えて会ったことがあるんですが、その時は、祖父である二郎さんのことは二郎さんと呼びますし、伯父である禎一さんのことはお兄さんって呼ぶんですよ。勿論、それは僕が教えたわけじゃなく、自然にです。普通、本人を前にしたら、おじいちゃん、おじさんって呼びますよね？」

「確かに。でも、禎一さんも、二郎さんに対してずっと敬語ですもんね」

「そうでしょう。そういうしつけなんやと思います。禎一のお兄さんが、ヒデキに、おぉ、頑張ってるか？ と声をかけても、はい！ と言って頭を下げる。完全に伯父さんではなく、この世界の先輩として接していますからね。僕にも息子が二人いるからよくわかるんですが、幼い時から厳しく育てられていないと、自然にはできないと思うんです。今、僕も息子に対して小野家のしつけを見習おうとしていますが、これがなかなか難しいです（笑）」

現在、ヒデキさんは六本木の隆士さんのお店で鮨職人を目指して修業中の身であるが、上田さん曰く、本当は5年くらいは自分の下で育てたかったし、他の弟子たちともとても仲が良く、「井雪」を去る時、皆が大泣きしたという。今でもひょっこり店に顔を出すことがあり、上田さんと話をすることもあるそうで、上田さんもヒデキさんの職人としての成長を楽しみにしているという。

実はこの日の翌日、私は隆士さんのところに取材へ行くことになっていた。私は隆士さんとは面識がなく、これまで禎一さんから聞いてきた弟さんとのエピソードから想像するイメージしかなかったのだが、上田さんの話を聞いて、隆士さんという人は想像している以上に厳しい人物なのだろうと、改めて翌日の取材の心構えをしたのだった。

大人になって信頼できる友人をつくるということ。

上田さんと禎一さん。二人はなぜ互いに信頼し合える友達になれたのだろうか……。

「禎一さんにお友達になってくださいと言われた時は、どんなお気持ちでしたか?」

「そりゃあ、お友達なんてめっそうもないと思いました。冗談かって思いましたよ。歳もだいぶ上ですし、有名人ですしね。禎一のお兄さんはよく、親父は有名だけど、とおっしゃいますけど、お兄さん自身もとても有名ですからね。今はだいぶ慣れてきて気楽にお付き合いさせてもらえるようになりましたけど、最初は結構緊張しました。でもお兄さんが気を使わせないようにしてくれはったんです。有難いです、本当に」

「実際、親しくお付き合いをされるようになって、禎一さんってどういう人だと思いますか?」

「とても正直な方ですよね。思ったことをはっきりと言わはりますしね。そういうところも好きです。大人になるといろいろ駆け引きがあったり、裏表があったりする場面に出くわすこともたくさんあるでしょう。正直、そういうのがいやで、僕はあんまり人付き合いがよくないんです。でも、禎一のお兄さんは一緒にいて居心地がいいというか、話が通じるでしょう。お友達と言ってもらってとても光栄ですけど、僕からしたら、僕より長くご商売をされている方ということもありますし、尊敬しています」

「そういうご主人も正直そうですよね(笑)」

「正直というか、嘘が下手くそなんです。そういうところは禎一のお兄さんと似てるかもしれません(笑)」

上田さんが独立するに至った時の話を聞いた時、なるほど、二人は気が合うというのがよくわかる、と私は思った。

「独立する時の話なんですが、僕はその時自分に起こっていることを全部、京味のお父さんに正直に話したんです。弟子の中には、本当のことや言いにくいことを言わないで、いったん家に帰るとか嘘を言う人も多いんですが、僕はまるまる正直に言いました。言った方がええと思ったんです」

独立するに至る2年ほど前、店のオーナーになってくれるという人がいて、独立の話をもちかけられていたという。そのことを京味の大将に正直に話したところ、「独立をするんだったら、一から自分でやった方がいい。オーナーがいるということは、雇われているのと同じことです。けれど、あなたが自分でやってみたいという気持ちはよくわかります」と言ってもらい、それから京味の大将が自ら物件探しや独立の準備を手伝ってくれたのだそうだ。結果、独立まで2年という時間がかかったが、今振り返るとそれがかえって良かったという。

「本当に有難かったです。結局、大将は全部お見通しなんですよ。あの時、正直に話したから、逆に的確なアドバイスをもらえたし、今でも大将のところへ相談に行ったり、話に行ったりできる関係でいられるんだと思います」

私はこの話を聞きながら、禎一さんと、禎一さんの最初の師匠である丸氏との関係を思い出していた。

律儀に人と付き合うということは、面倒で回り道なようでいて、実は成功するための一番の近道なのかもしれない。

第11回　取材記録（2019年4月9日・火曜日）

11回目の取材は、2019年4月9日、火曜日に行なった。約束の時間は15時。

この日の取材は「すきやばし次郎・六本木ヒルズ店」。禎一さんの弟、隆士さんを取材する日がやってきたのだ。私はこの日まで隆士さんとは面識がなかったのだが、これまで二郎さんや禎一さんから聞いてきたエピソードや、たまたま前日に取材に行った「井雪」のご主人から聞いた小野家のしつけにまつわる話などから、隆士さんに対するイメージが良くも悪くも出来上がってしまい、そのイメージがかなりきちんとした、厳しい雰囲気の人物像だったこともあって、とても緊張していた。

店はお昼の営業が終わり、休憩時間だったのだが、扉を開けるとお勝手からお弟子さん、つまり隆士さんの息子さんがすぐに出迎えてくれた。「根津です」と私が言うと、「はい、聞いております。こちらでお待ちください」と、すぐにテーブル席へと案内され、すぐにお茶が出てきた。噂通り、スカッとした気持ちのいい対応だ。

店内は、銀座の本店と左右対称になっている。そうなっているのは、左利きの二郎さん、右利きの隆士さんが使いやすいように、カウンターの向きが違うからなのだが、二郎さんがそこに立っていても全く違和感がないのではと思わせるくらい、雰囲気もつくりも殆ど同じだ。

暫くすると、お勝手から「こんにちは、いらっしゃい」と言いながら隆士さんが現れた。精悍な顔立ちではあるが、「あれ？　想像していた雰囲気とは違う」、そんな第一印象だった。そこにあったのは優しい笑顔だった。

「兄貴はさぁ、愛想がないでしょう？　友達に、お前の兄貴、愛想がないよなぁって、よく言われるんですよ」

私の心を察してか、そんな言葉が隆士さんからすぐに飛び出した。

「そんなことないです。お話も面白いですし……」

これは本音だ。でも確かに、第一印象だけでいうとそうかもしれない。特に最初の頃は、つけ場に立つ禎一さんに、お世辞にも愛想がいいという印象は持てなかった。

禎一さんと隆士さん。共に、小野二郎という父親、そして鮨職人として偉大な師匠を持つことになった二人。二人の違いと共通点に、おのずと興味が湧いた。

同志として生きる、２つ違いの兄と弟の共通点。

これまで、禎一さんから様々な話を聞くにつれ、禎一さんが隆士さんに対して、同志としてリスペクトしていることを感じずにはいられなかった。しかし、そもそも二人はとても仲の良い兄弟なのだ。

「お兄さんから話を聞いていると、隆士さんのことが話題に出てくることがよくあるんです。お二人はとても仲のいいご兄弟ですね……」

「そうですね。今はとても仲がいいです。独立して16年になるんですが、その頃から、たった二人しかいない兄弟で揉めるなんてくだらないと思えてきたんですよ。お互いに話をすればわかることですし、着地点をみつけるまでよく話し合うようになりました」

「ということは、以前は揉めることもあったということですか？」

「ありました、ありました。お互いに負けず嫌いですから、お前には負けねぇぞって態度で来られると、そりゃあ、俺も負けねぇぞってなりますよ。歳もたった２つしか違わないですしね。単純な話、身体的なことにしても、中学生くらいになると、兄弟といっても変わらないわけでしょう。長男の方が次男よりも優れているというのは錯覚だと思ってましたし……」

「その負けず嫌いは、二郎さんといい、お兄さんといい、小野家の血ですよね」

「そうですね。だけど、いつまでもオレがオレがって言っててもダメでしょう……。今はお互いに、自分はこう思うけど、どう思う？　じゃあ、こうしようか、という感じです」

なんとも歯切れのいい話しぶりは、小野兄弟の共通点のようだ。


私は早速、気になっていた「あのこと」について聞いてみることにした。

「お兄さんは、兄弟だけど馴れ合いにならないように、一人前の職人同士、敬意を込めて、隆士さん、と〝さん〟付けで呼ぶようにしたそうですが、そのことに気付いてましたか？」

「そりゃあ勿論、気付いてますよ。数年前からそう呼ぶようになりましたねぇ」

「呼び方が変わったことについて、何か話したことはありませんか？」

「特にそのことについて話したことはないですが、私は、兄貴に少し余裕が出てきたのかなーと思っていました」

私は正直、隆士さんのこの答えの意味がわからなかった。

「余裕ですか？　それはどういうことでしょう？」

「だってそうでしょう。他者を認めるということは、自分に余裕がないとできないことですから」

隆士さんの解釈は、自分のことではなく、禎一さんの心理を読んだものだったのだ。

「なるほど、深読みするとそうかもしれませんね」

「若い頃の兄貴は、長男の方ができてあたり前だという錯覚を起こしていましたから、どうしても自己主張が強かった……」

「それって錯覚ですか？」

「そうです、錯覚です。こっちはとっくに追いついてます。そこから先、どう伸びていくかは、資質もあると思いますが、努力の問題でしょう」

「資質という意味では、お兄さんは隆士さんの器用さを認めていて、正直、羨ましいと思った時期もあったとおっしゃっていました。でも自分は器用じゃない分、たくさん練習をして数をこなすことでそこを克服したとも……」

「器用といえば、確かに私は器用なんです」

「そういう自覚もあるんですね（笑）」

「ありますよ（笑）。それは、子供の頃の折り紙遊びひとつからそうなんですから……。子供の頃から周りの人みんなに器用だねってよく言われてましたし……。それはもう親に感謝するというか、生まれつき運動が得意っていうのと同じことですよね。でも、だからって、器用さに溺れてしまったらいい職人にはなれないわけですから、勿論、努力もしてきました」

「上下関係の厳しい世界、器用な人には器用な人にしかわからない苦しみもありそうですね……」

「それは、人それぞれにあると思います。ただですね、資質は違っていても、職人にとって共通して言える〝大事こと〟は一つなんですよ」

隆士さんは、「職人にとって大切なたった一つのこと」について語り出した。

「職人にとって大切なことは、師匠を信じる、ということです。技術は回数をやれば必ずできるようになります。だけど、考え方は、学ぶ気がないと絶対に入って来ないんです。師匠を信じて、技術と考え方の両方を学ぶことが大事なんです。私や兄貴にとって、親父さんはこの世界に入った時から父親じゃないです、師匠なんです」

「なるほど……」

「修業するということは、自我を捨てることです。師匠に対して〝いいえ〟はありません。返事は〝はい〟だけ。でも質問はさせていただきます、未熟者なので……」

「修業とは自我を捨てること、そうやってお二人ともここまで来たんですね」

「はい。私も兄貴も厳しいことを言われることがたくさんありました。だけど、それが正論だと思ってやってきました。そして、その時はわからなくても、後から必ず、あれはこういう意図があって言ってくれたんだ、とわかりました。親父さんの言う通りにやれば、必ず親父さんの傍に行けると信じてやってきました」

「師匠を信じて修業する」、これは紛れもなく禎一さんと隆士さんの共通点である。

「二郎さんが、六本木店は離れ小島みたいなところにあって、決して場所はよくはありませんが、よく頑張っていると思います、とおっしゃっていましたよ」と私が言うと、隆士さんの精悍な表情が一瞬緩んだ。

「最近やっと、時々褒めてくれるようになりました。自分が一番信頼している人に褒められるんですから、これ以上に嬉しいことはありません。でも、親父さんの域には到底及びませんよ。そりゃあそうでしょう、親父さんは85年も仕事をしているんですから」

再び小野家のしつけ。

二郎さんのことを「一番信頼している人」と表現した58歳の隆士さん。今、隆士さんが二郎さんのことをこう表現するのは、自らも鮨職人として結果を残し、充実した人生を歩んでいるからなのだろう。

「お兄さんからもお聞きしているのですが、お二人が学生時代の頃の二郎さんというのは、相当怖い存在だったそうですね？」

「はい。この親父さんを敵にまわすと、地上に住む世界がなくなるんじゃないかってくらい怖い存在でした（笑）」

「そんなにですか？」

「そうですね。でも、だから間違った道に行かずにすんだと思います。我々が学生の時はツッパリの時代だったでしょう。私もツッパってはいましたよ。だけど、これ以上やったら……と親父さんのことが頭に浮かんで、ここまででやめておこうと自制してました」

「何がそんなに怖かったんでしょう？」

「細かいことを言うわけじゃないんです。ただ、ダメなことはダメ。あとはてめぇで考えろ、という感じです。母親の影響もあると思います。子供の頃から、親父さんはすごい人なんだよ、トランク一つで田舎から出てきて、銀座に店を持って……という話を聞かせてくれてましたから、子供ながらにお父さんはすごいと思ってました。常に夫を立てる女房ですよね。とにかく威厳のある夫、そして父でした」

「ところで、隆士さん自身も息子さんたちを相当厳しく育てられているようですが……」

「挨拶やマナーなど、常識的なことを厳しくしつけたのは、小学校の低学年までです。兄貴には、幼稚園の子になにもそこまで厳しくしなくても、と言われることもありました（笑）。でもですね、大人になって、仕事をするようになって、挨拶もできねぇのか、と他人に怒られる方がかわいそうでしょう。だから、幼い時にきちっとしつけるのは親の責任です」

「三つ子の魂百までというやつですね」

「そうです。基本的なしつけはそこまでです。ある程度わかるようになってからは、いちいち何も言いません」

「そうして今、二人の息子さんが弟子としてここにいらっしゃるわけですが……」

「今は師匠と弟子という関係ですから、厳しいことも言います。今度は彼らを〝一人前の職人に育てる〟という責任が私にはありますから。私ができることは、親父さんに教えてもらったことを弟子に教えるだけです。その考え方や技術をですね……」

　我が息子を一人前の職人に育てあげるという責任は、どれほど重いことだろう。まして、それが「すきやばし次郎」という店であればなおさらのことだ。

言葉はいらない。

隆士さんが独立してから、二郎さんは時々、隆士さんのお鮨を食べに六本木店を訪れるという。

「たまに親父さんが、ここへ食べに来るんですよ」

「緊張しませんか？」

「緊張はしませんけどね、やっぱり、どうだったかなぁというのが気になります」

「お父さんは、何かおっしゃるんですか？」

「いや、何も言いません。ごちそうさま、とだけ言って帰っていきます。私も帰ってから親父さんのところへ挨拶に行って（二郎さんと隆士さんは近所に住んでいる）、今日はありがとうございました、どうでしたか？ って聞くんですが、美味しかったよ、おつかれさん、とだけ言いますね……」

「ほっとしますよね？」

「いや、きっと言いたいことはいろいろあると思うんです。でもまぁ、合格点はいっているのかなと思います。ここから先は自分で気付きなさい、ということだとも思います。鮨職人というのは、毎日同じことを同じようにやっていくなかで、ある日突然、閃いて、試してみる。より美味しくなった、よかった、これでいこう。悪かった、やめておこう。その繰り返しですから……。親父さんはそれを自分がずっとやってきてわかっているから、きっと何も言わないんです」

同じようなことが、禎一さんと隆士さんとの間にもあるようだ。

禎一さんも時々、六本木店へ隆士さんの握るお鮨を食べに訪れ、隆士さんは、二郎さんが人間ドックに入っている時期に銀座の本店へ行き、禎一さんの握るお鮨を食べるのだそうだ。そしてその時も、互いに「美味しかったよ、ごちそうさまでした」とだけ言って帰るという。

隆士さんは言った。

「それが互いに、一本立ちした人に敬意を払うということです。私たち兄弟は、他の山を目指さなくていい。目指すのは、小野二郎という山だけです。そこがはっきりしているというのは、とても幸せなことです」

二郎さんの握ったお鮨を、真正面に座って食べた時のこと。

私が禎一さんから聞いた、一番印象に残っている隆士さんのエピソードといえば、やはり、隆士さんが独立して間もない頃、二郎さんの握ったお鮨を銀座本店で食べた、という話である。

鮨職人の世界では、師匠の握ったお鮨をカウンター越しに弟子が食べるというのはあり得ないことだと禎一さんが教えてくれたのだが、隆士さんには一度だけその経験がある。

「禎一さんから、自分は親父さんの握ったお鮨をカウンター越しで食べたことがないんだけど、弟は一度だけある、という話をお聞きしました。その時のことについておうかがいしたいのですが……」

「わかりました。じゃあ本題に入る前に、私の気持ちを少しお話しさせてください」

隆士さんはそう言うと、ユーモアを交えて語ってくれた。

「そもそもですね、私はお鮨が大好きなんですよ。その私に向かって、銀座本店の予約が取れないから六本木店へ来てる、とおっしゃるお客さんがたまにいらっしゃるんですが、私からするとですよ、予約が取れるチャンスがあるだけまだいいじゃないですかって思うんですよ。だって、私には予約を取るチャンスすらないんですから。そう思うと、もう本当に切なくなりますよ。親父さんの握った鮨を食べられないんですから……」

「そこですか？（笑）」

「そうですよ。私だって食べたいんですから（笑）」

「でも、一度は食べることができてよかったですね。その時の隆士さんの様子を、お兄さんはとてもよく覚えているそうですよ。どんな気持ちでしたか？」

「そうですねぇ、私は親父さんのところに23年いました。23年一緒にいる間に、親父さんの握ったお鮨を試食させてもらっていましたから、親父さんの味や握りの大きさ、硬さというのはわかっています」

「なるほど。修業中はどんな雰囲気で試食をするんですか？」

「余ったシャリやネタで握ってもらうんですが、小僧の時は、兄弟子が握ってもらってるのをみると、片付けをしている手を止めて、私も一ついただいてよろしいですか、と言って握ってもらいました。大きさと形は見て覚えられますが、力加減は食べないとわかりませんから、口の中で硬さを覚えるんです。ほんと、美味しいなーって思ってました」

SNSなどもない時代。そして、まだ「すきやばし次郎」が今のような有名店ではなかった時代のことである。当時、お酒の種類を増やしたり、煮物や焼き物を出したりする鮨屋が増えていたが、二郎さんは「鮨が旨ければ職人は評価され、絶対にお客さんは来る」と言い、二郎イズムとも言うべき信念でブレない店づくりをしていた。

隆士さんは続けた。

「今でこそ、すきやばし次郎はそういう店だ、ということをわかってもらえるようになりましたが、我々が小僧の時は、お客さんに、どこどこの酒も置いてねぇのか！　って文句を言われることもしょっちゅうでした」

「でも絶対にお父さんは置かなかったんでしょう？　今もそうですが……」

「そうです。それをずっと横で見てきました。今思うと、やせ我慢というか、そういう時期もあったかもしれませんね。だって、お客さんに言われたようにやる方が楽ですもん」

「確かにそうですよね。それでお客さんが離れるくらいなら、いろいろなお酒を置く方をとる、というのが普通かもしれませんね」

「でも親父さんは頑固一徹で、絶対にブレなかった。そんな日常のなか、自分は小僧の身で、親父さんに握ってもらう試食のお鮨の味は、いろいろな意味で格別な味がしました」

「わかる気がします……」

「そういった経験があったので、あのカウンター越しで食べた親父さんのお鮨には、いろいろなことを乗り越えてきた〝円熟の旨さ〟というものを感じました」

実際には、隆士さんはとても冷静で、二郎さんの握る姿、技術を純粋に学ぼうという気持ちの方が強かったという。そして、その時の様子をみていた禎一さんも、「弟は、何か必死に技を盗もうとしている感じだった」と言っていた。

「修業中に横に立って親父さんの握る姿は見ていましたが、自分が独立して、親父さんと同じポジションに立った時、目線が違うというのもあって、親父さんの身のこなしや振る舞い、リズムなどをしっかり勉強しようと思って、じっと見ていました」

「それでどうでしたか？」

「これまで全部見てきたつもりでしたが、やはり見落としもあって、とても勉強になりましたね……」

隆士さんの言う、二郎さんが鮨を握る時の身のこなし、振る舞い、リズム。確かに他の誰とも違う、独特の美しさがある。私は思わずこんな質問をしてしまった。

「隆士さんは独立して、二郎さんのその美しい姿を見ることはできなくなってしまいました。でもお兄さんは今でも毎日見ることができて、羨ましいとは思いませんか？」

「今はないです。でも正直、独立する少し前までは、たった2年遅く生まれただけなのに、と思うこともありました。でも親父さんが、お前は六本木へ行きなさい、と言ったということは、そこに意味があって、それが正しい、ということなんです」

そこにもやはり、師匠への絶対的な信頼というものが存在していた。隆士さんは続けた。

「それに、仕事をしているといつも、頭の左上に親父さんが出てくるんですよ。困った時や悩んだ時も、親父さんならどうしたかな？　どうするかな？　というのが常にあります」

「さすが、小野二郎の息子ですね……」

「自分では、小野二郎の息子ということをあまり意識したことはないんですが、周りの人に仕事への姿勢や考え方を話すと、やっぱりお父さんの子供だね、とよく言われます。宿命とでも言うのでしょうか……。そういうふうに育ててもらって、すきやばし次郎で仕事を教えてもらって、小野二郎の考え方を教えてもらった、ということに今はとても感謝しています」


職人として二郎さんの一番近くに居続けている兄と、少し離れたところにいる弟。二人に同じように「二郎イズム」は継承されているようだ。

第12回　取材記録（2019年5月11日・土曜日）

12回目の取材は、2019年5月11日、土曜日に行なった。約束の時間は14時。いよいよ今回が最後の取材となる。

お店の扉を開けると、一番奥のテーブル席に二郎さんが座っていて、すぐに目が合った。まかないも終わり、休憩中のようだった。

「いらっしゃい。ご苦労さまです」

「お父さん、こんにちは。体調はどうですか？　もう大丈夫ですか？」

そうなのだ。二郎さんは4月の中旬頃に少し体調を崩し、本当に珍しいことなのだが、10日間ほど店を休んでいた。

それでもゴールデンウィーク前には回復し、仕事に復帰した。今年のゴールデンウィークは平成から令和へと時代が変わり、「すきやばし次郎」も10連休という長期の休みをとった。私はかえって二郎さんの生活のリズムが乱れ、体調を崩してしまうのではないかと心配していた。

「はい、大丈夫です。歳をとりますとね、やっぱり、いろいろと出てきますでしょう、仕方がないです」

二郎さんの顔色は良く、笑顔だった。

この日、私が禎一さんの取材を始めるとほぼ同時に、二郎さんに来客があり、二郎さんはその客人と小一時間にわたり談笑していた。客人が帰ると、今度は壊れた腕時計を修理するため、銀座四丁目の和光へ行くと言って準備をしていた。

どうやらいつもの二郎さんに戻った様子で、私はとてもほっとした。

もしもこの先……

人にはいつか親との別れがやってくる。そう、例外なく。

禎一さんと二郎さんにも、いつか別れがやってくるのだ。

「お兄さんは、お父さんがいなくなった時のことを考えることがありますか?」

「時々ふっとね、今回みたいに親父さんが体調を崩したり、疲れた様子をみたりすると考えるよね。どうしてもまず、父親としてというより、店のことを考えてしまうかな。そして、今も平日の昼間は親父さんは出てきてないから、これが夜も同じように続くんだな、と思うし、仕事のことだけを言えば、どうしようと途方に暮れることはないんじゃないかな、とも思う」

「それは自信があるということですか?」

「んー、一言で言えばそうなるんだろうけど、それはなにも特別なことではなくて、19歳でこの世界に入って、もうすぐ60でしょう。辛いこともたくさんあったけど、いろいろな経験があって、挫けず、腐らず、親父さんの傍で、一つのことをコツコツここまでやってきて、それが自然と自信に繋がってきた、という感じだよね」

「挫けず、腐らず、それが一番大変そうですが……」

「そうだね。若い時は内心、うるせぇなぁとか、理不尽だなとか、思うこともたくさんあったよ。俺たちが小僧の時代は、奴隷か虫けらみたいな扱いが普通だったから(笑)。今の時代とは全然違う。今そんなふうにしたら誰も続かないでしょう」

「奴隷か虫けら、ですか。それはパワハラってすぐに言われますよ(笑)」

「だけど、人って若い時は、十歩くらい先しかみえてないもんなんだよね。親父さんは千歩先をみて、自分の経験を踏まえて俺たちを育ててくれていたんだと思う。それが60近くなった今だからわかる。若い時はわからないもんだよ。親父さんが、一人前の職人になれるように、この先食うに困らないようにって、厳しく育ててくれたお蔭で今がある」

「他の誰よりも二人の息子には厳しくしたと、お父さんはいつも言ってますよね」

「今はそのことに本当に感謝してるよ」


二郎さんの厳しさ、というと、鮨職人として、技術についてのことだと思いがちだが、実はそれだけではない。店内隅々までの清掃から冷蔵庫の中の掃除まで、全て二郎さんに事細かに指導、チェックされたという。時にはきついダメ出しをされ、やり直しをさせられたこともあった。


「だけどね、そんなことをしているとわかるんだよ」

「何がわかるんですか?」

「掃除を早く、そして丁寧にやらないと、そこでダメ出しをされたらやり直しをしなきゃなんないし、そこに無駄な時間がとられて、魚を触ったり、技術を覚えたりすることがどんどん後回しになっちゃうってね」

「なるほど」

「だから、掃除をやり直さなくていいように、一発でＯＫが出るように、丁寧に、そして早くやるにはどうすればいいか、ということを考えるようになる」

「たかが掃除、されど掃除ですね」

「その通り。そういうことの一つひとつが積み重なって、もっと美味しくするにはどうしたらいいか、ということに繋がって、一人前の鮨職人になれるんだよ。修業はマイナスからのスタート。10年経った頃、ようやくスタートラインに立てた、というのが、鮨職人に限らず職人と言われる人たち皆に言えることなんじゃないかな。たまにね、付き合いのある漆屋さんなんかともそんな話をするんだけど、やっぱり同じことを言ってるよ」

「長いですね……」

「そうだね。だけど、職人はずっとできる仕事だもん。いい仕事だと思うよ」


禎一さんは、「すきやばし次郎」という名前がとても大きくなったことで感じるプレッシャーについても語ってくれた。

「そりゃあ、プレッシャーは勿論あるよ。だけどね、職人っていうのは、手を抜かずに続けることができたら、おのずと道は開けてくると思うんだよ。勿論、常に考えながら、工夫しながらやらないといけない。でも、そうやって続けていると、いつの間にか壁が消えて、山を越えている、そういうもんじゃないかな……」

「もうすぐ60歳ですもんね。今、鮨職人として何合目くらいにいますか?」

「何合目だろう? わかんないよ(笑)。まだまだこれから先、大きな壁やら山やらにぶち当たるんだろうね。でもこれまでの経験から、今まで通りコツコツやっていれば、きっと乗り越えられるとも思ってるよ。ここから先、また10年経った時、自分が今と同じことを思っているか、自分自身でも興味があるなぁ。だからこそ、それを確かめるためにもやり続けるしかないね、親父さんがそうしてきたようにさ」

そして、禎一さんはこう続けた。

「考えてもみてよ、小野二郎だって、まだ自分はこの道を極めた、とは思っていないんだから。職人って本当に終わりのない道なんだよ」

そこにあるのは至ってシンプルな思い。

二郎さんは、映画「二郎は鮨の夢を見る」の中で、「自分の仕事に惚れなきゃだめでしょう」という話をしていた。禎一さんも鮨職人という仕事を〝いい仕事〟だと言う。その言葉の根底にあるものとは何なのだろうか?

「美味しいものを食べることって、一番簡単に人を幸せにできることだと思わない？」

と、禎一さんは私に言った。

「思います」

「人を笑顔に、幸せにできる仕事というのは、いい仕事だと思うよ。理屈じゃないんだよね、人が、美味しいと笑顔になるというのは」

「そうですね。自然にそうなっている……」

「多分、美味しいっていう感覚は万国共通で、世界にはいろいろな料理があるけど、まぁ、全員が全員とは言わないけどさ、そうだねぇ、例えば8割以上の人が美味しいと言っているものって、やっぱり美味しいんだと思うよ。俺たちがフレンチやイタリアンや中華を食べて、美味しいって思うようにね」

「確かに。そして、今やお鮨って世界中にありますね」

「そうだね。しかもお鮨は、どれも飯の上に魚がのっかってる、すごくシンプルで、一見するとどれも同じなんだけど、それが口に入れると全然違う料理でしょう。そんな料理、他にあまりないでしょう。お鮨で勝負してる俺たちにとって、『すきやばし次郎は美味しい』って言われると、あぁ、この仕事をやってきてよかった、と思うし、これ以上に嬉しいことはないよ」

「きっと、二郎さんも同じ気持ちなんでしょうね」

「そうだと思うよ。じゃなかったら93歳までやれないでしょう。食べ物に能書きはいらないんだよ。単純に、『美味しかったー、自分の大切な人に食べさせてあげたい』って気持ちになれるだけで十分。そういう気持ちに人をさせることができる仕事って、ほんと最高だと思うんだ」

表現こそ違うが、やはり禎一さんも自分の仕事に惚れているのだ。

そして禎一さんは、これからの自分がやるべきこと、今思っていることについて話をしてくれた。

「親父さんはずっと攻めてきた人。そして、俺がやらないといけないのは、その親父さんがやってきたことを守ること。そして、攻めること。その両方だと思ってるよ」

「守りと攻めの両方となると、大変ですね……」

「大変だけど、夢を持って挑んでいきたいね。やるしかないでしょう、それが自分の宿命だから。鮨職人としては親父さんから学び、そして有難いことに、社会的なことはお客さんはじめ、いろんな人からたくさんのことを学ばせてもらってるよ……」

「それは、お兄さんの人徳じゃないですか」

「いやいや、それはどうかな。ただ、俺はストレートにしかものを言えないから、そこをわかってくれて、みんなが裏表なく付き合ってくれているのかもしれない」

「それだけじゃないですよ。この人は信用できる、ということが、話しているとよくわかります」

「だと嬉しいけどね。すきやばし次郎の鮨っていうのは、魚屋さん、お米屋さん、御酢屋さん……関わってくれてる人たち皆が本当にスペシャリストで、その人たちの協力がないと完成しない。その人たちがあって自分があるし、その人たちに、この人にこの食材を使って欲しい、この人にならこの食材を任せられる、と思ってもらえるような人間でありたいと、いつもそんなふうに思ってるよ」

こういう一本気なところが禎一さんの、やはり父親譲りの一番の魅力だ。

私は、この本の最後に掲載したいからと、禎一さんに、二郎さんに宛てたメッセージをお願いした。

禎一さんは、「いつまでも元気で」とだけ言って、「ここから先のことは、親父さんに直接伝えるよ」と言って、照れくさそうな笑みを浮かべていた。

おわりに

２０１９年７月上旬。今年、東京の梅雨入りは少し遅かったせいもあって、まだ暫くの間、このすっきりしないお天気が続きそうな気配である。早いもので、もう一年の半分が過ぎてしまった……。よく言われることではあるが、年々時の流れを早く感じるようになってきた。特に40代になってからというもの、益々そう感じるようになった。

私は１９７０年の生まれで、現在49歳。５月１日、年号が「令和」になったその日が誕生日であった。この本の出版のことも含め、２０１９年は私の人生において、忘れられない年になるに違いない。

約一年間に及んだこの本のための取材とその記録が、そろそろ終わろうとしている。６月中旬頃、これまで書いてきた分の見直しも含めて全ての原稿を書き終わり、担当編集者に送った。すると、本のページの形にレイアウトされたデータの一部がメールで送られてきた。それを見て、「そうか、こうして私の手を離れていくんだな」と感じた。

編集者からのメールに、「根津さんのプロフィールに使用する原稿を準備しておいて下さい。根津さんが小野禎一さんのこと、二郎さんのこと、すきやばし次郎のことについて書く必然性みたいなものが欲しいところです」という一文があった。

「さて、困った……。私が書く必然性か……」

改めてそう言われると、私にそれがあったのか、なかったのか、とても不安になってしまう。いま振り返ってみれば、「すきやばし次郎」というお店に出会った時からどんどん大きくなっていった、小野禎一さんと二郎さんという「人」に対する純粋な興味と、鮨職人の師匠と弟子という独特な親子関係について書いてみたいという気持ちだけで、周りの人たちを巻き込み、ここまで事が進んだとしか言いようがない。

ただ、私としては、少なくともこの親子のことを書きたい、伝えたいという気持ちは、世界中の誰にも負けていないと、いなかったと、言うことだけはできる。

ここに、人との出会いについて記しておきたい。

私には、二人の父と二人の母がいる。といっても私は現在独身なので、義父や義母ということではない。私の大切な二人の父と二人の母。その一組は、生まれ育った熊本にいる血の繋がった両親である。そして、もう一組の両親、それは、今から15年ほど前に東京で出会い、私の養父母となった夫婦だ。

思えば、この夫婦との出会いが私の人生に大きな変化をもたらした。養父母は全くの他人であり、15年ほど前に偶然出会い（それは一匹の犬がきっかけだった）、私はその出会いから約2年後、その夫婦の養子になった。養父母は寛大な人で、私を養子に迎えるにあたり、こう言った。「あなたの好きなように生きなさい、好きなように生きていいよ」と。

私は熊本の県立玉名高校を卒業後、東京の実践女子短期大学の国文科へ進学し卒業、1991年（平成3年）、新日本製鐵株式會社東京本社（現在の日本製鉄株式会社）に入社した。配属先は総務部で、そこで事務の仕事をし、数年後、結婚退職したのを機に人材派遣業（現在のパソナグループ）に転職（後に離婚）。人材派遣の営業をしていた時期に現在の養父母と出会った。ある日偶然に出会い、気が合って、とても親しくなって、くだらない話はたくさんしたけれど、私の経歴については詳しく話したことなどなかった。そんな、海のものとも山のものともわからない赤の他人である私を、なぜ信用し、養子にしたのかは、私にも今もってわからないし、自分から尋ねてみたこともない。

そして、養子になって約一年後、私は会社を辞め、駆け出しのライターとして歩き出した。36歳の時のことだった。

私が初めて「すきやばし次郎」に行ったのは、まだ養子になる前のことで、当時からお店に定期的に通っていた養父母に連れられて行ったのだった。その時はとても緊張していたことをよく覚えているが、次第に私も、二郎さんや禎一さんと親しく会話ができるようになっていった。

そして、いつからだったか忘れてしまったが、ある年から、二郎さんのお誕生日になると、私は必ず二郎さんに少し長い手紙を書くようになった。私にはいつも二郎さんに話したいこと、伝えたいことがたくさんあるのだけれど、お店では食べることに夢中になって、そのタイミングを失ってしまうということもあるし、もちろん、お店では二郎さんは忙しくてそれどころではないということもある。

ある年には、映画「二郎は鮨の夢を見る」の感想文だったり、またある年には、回答は今度お店に行った時に聞かせてくださいと前置きをして、二郎さんへの質問を書き並べたり……。毎年、一年分の思いを込めて書くので、どうしても長い手紙になってしまう。とても光栄なことに、二郎さんはその手紙を、自宅にある「大切なものをしまっておく箱」に入れてあるのだと教えてくれた。

この2つの奇跡のような出会いがあって、私はこの本の取材をスタートさせることになった。

禎一さんの本を書きたいと最初にお願いしたのは、カウンター越しに二郎さんの握ったお鮨を食べている時だった。私がその話を禎一さんにしていると、少し耳の遠い二郎さんは、「何の話をしているの？」という表情で禎一さんの方を見た。禎一さんが、「孝ちゃんが、私のことを取材して、本にしたいそうです」と説明すると、二郎さんはすぐに、「私はいいと思います。孝ちゃんの文章は上手ですよ」と言ってくれたのだった。

おそらく、二郎さんのこの言葉と了承がなければ、この本はできなかっただろう。

こうして私に、一冊の本を出すことが許された。本当に夢のような出来事だ。全ての出会いに心から感謝している。本当にありがとうございました。


最後に。

この一年、禎一さんの取材を進めながら、私の頭の中にはひとつのキーワードがいつも流れていた。それは「親孝行」という言葉だ。私はこの取材を通して、ずっと禎一さんにそれを教えてもらっている気持ちだった。

「親孝行、したい時には親はなし」
自分への戒めの意味も込めて、この言葉をここに記しておきたい。

2019年7月

根津孝子

この本の読者のみなさまへ

小野禎一

この度は、「すきやばし次郎」、そして、小野二郎の息子である私に関心をもっていただき、この本を最後まで読んでいただきましたこと、心より感謝申し上げます。

私は現在、93歳の父であり師匠でもある小野二郎とともに、毎日、銀座の店のつけ場に立ち、鮨を握っております。

今回の取材に関しましては、私の生い立ち、私と父との関係、鮨職人という仕事や生き方についてなど、60歳の私が今思っていることを、ありのままにお話しさせていただきました。

時間の流れがとても速い現代ですが、私たちの仕事というのはどこまでもアナログで、まるで違う時空間を生きているようだと感じる方がいらっしゃるかもしれません。

手を抜かず、一つひとつの仕事を毎日コツコツと繰り返し、もしかしたら何十年もかかるかもしれないけれど、いや、生涯「ここに極まれり」という自覚は得られないかもしれないけれど、こういう職人の世界があるのだということを、この本を通して知っていただけたとするならば幸いです。

なぜならば、そこにこそ、この仕事の良さや醍醐味があるのですから……。

最後に、私から読者のみなさまへ、二つのメッセージを残したいと思います。

一つは、「そんなに急がなくてもいい」ということです。若い成功者ばかりが目立つ世の中ですが、そういう仕事、そういう世界ばかりではありません。

そして二つ目は、海をめぐる問題、魚をめぐる問題について、少しでいいので興味をもって、耳を傾けて欲しいということです。これは、私自身が今、取り組んでいる挑戦でもあります。

鮨というものが日本に誕生して二百年が経ちます。ここから二百年先、いやもっと先も、美味しい鮨が食べられる日本でありたい。そのために、今日できることを、今やるべきことを、私は覚悟をもって一生懸命やり続けます。

60歳の私。座右の銘を聞かれたら、迷わず「継続は力なり」と答えます。

間違いなく、十年先、二十先も同じ答えをしているでしょう。なぜならば、私は小野二郎という人を一番近くでみてきましたから。

【著者】根津 孝子（ねづ・たかこ）

1970年、熊本県生まれ。フリーライター。

実践女子短期大学を卒業後、新日本製鐵、パソナグループを経て2006年フリーに。2004年、養父母とともに初めて「すきやばし次郎」を訪れて以来、現在では月に一、二度通うほどに。毎年、二郎さんの誕生日に長い手紙を送るのがいつしか習いとなった。現在はBEAUTY MUSEUMというサイト（https://beautymuseum.net/）を運営しており、ライフスタイルを中心に様々なジャンルの記事を手掛ける。

https://www.facebook.com/takako.nezu

【校閲】円水社

「すきやばし次郎《じろう》」
小野《おの》禎一《よしかず》 父《ちち》と私《わたし》の60年《ねん》

二〇一九年一〇月七日　初版発行

著　者　根津 孝子
発行者　小林 圭太
発行所　株式会社 CCCメディアハウス
〒一四一-八二〇五
東京都品川区上大崎三丁目一番一号
電話　〇三-五四三六-五七二一（販売）
　　　〇三-五四三六-五七三五（編集）
http://books.cccmh.co.jp

印刷・製本　豊国印刷株式会社

ISBN 978-4-484-19230-7